말하는 습관을 바꿔라

말하는 습관을 바꿔라

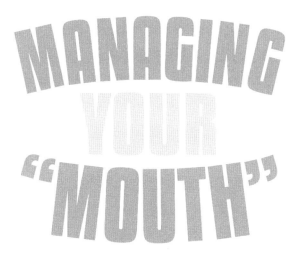

MANAGING YOUR "MOUTH"

로버트 제누아 지음

강민채 옮김

품위 있게 말하고 의연하게 침묵하기

바다출판사

품위 있게 말하고,
의연하게 침묵하는 법

오늘날, 세상은 새로운 기회들로 넘쳐나고 있다. 자고 일어
나면 달라진다고 해도 과언이 아닌 세상 속에서 우리의 삶
또한 빠르게 변화하고 있다. 이처럼 과속으로 달려가고 있
는 세상 속에서 우리 삶을 여유롭고 풍성하게 다져 줄 능력
이 무엇일까? 그것은 바로 인간관계를 훌륭하게 만들어가
는 능력이다. 그리고 이런 능력의 핵심에는 우리가 늘 하는
'말'이 있다.

직장 상사가 너무 깐깐하다, 부하 직원이 제멋대로이다,
친구가 내 험담을 한다, 아버지와 말이 통하지 않는다 등 많
은 사람들이 원활하지 않은 인간관계 때문에 스트레스를 받
고, 상처 입고, 좌절한다.

그 원활하지 않고 꼬이기만 하는 인간관계를 찬찬히 들

여다보자. 그 문제의 중심에 우리가 내뱉은 '말'이 도사리고 있다. 말은 사람들 사이에 주고받는 의사소통의 기초이다. 말은 언뜻 단순한 행위로 보이지만, 그 안에 우리의 사고방식과 지식, 성격, 환경 등 다양한 변수가 복합적으로 작용하고 있다.

사람들은 늘 "아니 이것도 똑바로 못해?" "그건 팀장님이 알아서 하셔야죠!" "넌 정말 답답한 소리만 하냐?" "아버지가 저한테 뭘 해줬어요?"라고 감정대로 말을 내뱉곤 돌아서며 후회한다. 물론 이런 말들이 진심에서 우러나는 것은 아니다. 그저 감정에 치우쳐 자신도 모르는 사이에 내뱉고는 곧바로 후회하는 말들이다.

사람들은 누구나 말 때문에 상처받고 후회한다. 조리 있게 말을 하고 적절할 때 침묵할 수만 있다면, 우리는 누군가에게 상처를 주지도 않을 것이고 자신의 말을 후회하지도 않을 것이다. 적절한 시기에 적절한 말을 품위 있게 건네고 상대의 감정을 상하게 하는 말의 유혹을 물리치면, 인생은 더욱 풍부하고 여유로워질 것이다. 그리고 우리의 내면은 더욱 견고해질 것이다.

항상 자신이 내뱉는 말을 염두에 두고 있으면, 생각은 더욱 깊고 선명해질 것이다. 다른 사람들의 말도 더 잘 들리고, 문제의 답도 더 잘 떠오를 것이다. 사람들이 주위로 모여들고 중요한 일을 의논해 올 것이다. 뜻한 대로 입을 다스릴 수만 있다면 인생도 뜻한 대로 풀릴 것이다. 그래서 '입을 다스리는 것'은 오래전부터 인생 경영의 최고 기술로 칭송되어 왔다.

다음 두 가지 사례를 보자. 자신의 감정을 억제하고 적절한 말을 하여 좌중을 자신의 편으로 만든 사람과 자신의 감정에 따라 거친 말을 쏟아내는 바람에 오랫동안 준비해 온 프로젝트를 망친 사람의 이야기이다.

어느 회사의 경영진 회의에서 일어난 일이다. 한 임원이 300여 명이 넘는 다른 임원들 앞에서 연설을 하고 있었다. 그때 청중석에 앉아 있던 그의 동료가 빈정거리며 연설을 방해했다. 연설을 하던 임원은 물론 감정이 상했지만, 잠시 침묵을 지킨 뒤 우아하게 천장을 올려다보며 외쳤다.

"오, 신이시여! 부디 제가 마음속에 있는 말을 내뱉지 않게 해주소서."

자신을 통제하고 평정을 잃지 않는 그의 모습에 청중들은 우레와 같은 박수를 보냈다. 연설을 방해했던 동료는 수치심과 당혹감에 얼굴이 벌겋게 달아오른 반면 그는 그 한마디로 청중의 마음을 단번에 사로잡았다.

한 중소기업의 회의 시간. 경영진들이 참석한 가운데 한 임원이 신제품 도입에 관한 방안을 내놓는다. 그는 회사에서 무능력하다고 낙인찍힌 홍보부장을 제외한 다른 임원들과 미리 프로젝트에 관한 의견을 나눈 뒤였다.

그가 프레젠테이션을 마치자 홍보부장이 불쑥 물었다.

"이 수치들이 의심스럽군요. 정확합니까?"

그는 홍보부장의 눈을 똑바로 쳐다보며 쏘아붙였다.

"이 수치들을 믿지 못하겠거든 당신이 가진 수치 좀 봅시다. 누구의 수치가 정확한지 비교해 보면 알겠군요."

그는 자신을 통제할 수 없었다. 한 번 쏘아붙이지 않고는 참을 수 없었던 것이다. 일순 분위기가 어두워졌다. 다른 임원들도 홍보부장이 빈껍데기라는 사실을 알고 있었지만, 많은 사람이 그가 홍보부장을 망신 주는 데 격분했다. 프로젝트는 원점에서 다시 논의되었고, 결국 폐기되었다. 발표를 한 임원은 자신의 말을 관리하지 못한 바람에 자기 무덤을 판 셈이다.

적절한 말을 하는 '시기'와 '방법', 그리고 '이유'는 효과적인 대인관계를 형성하는 핵심요소이다. 언제 어떤 자리에서 어떤 방식으로 이야기하는가는 말을 함에 있어서 가장 중요한 요소이다. 아무리 철저히 자신을 관리해 왔다 하더라도 무심코 던지는 한마디로 평생을 후회할 수 있다. 하지만 자신의 말을 잘 다스리고 적절한 말과 침묵을 효과적으로 사용하면 그는 불필요한 후회를 하지 않으면서 살 수 있다.

이 책은 "우리가 삶의 목표를 달성하거나 달성하지 못하는 것은 말을 효과적으로 다스릴 수 있는지 없는지에 달려 있다"는 전제로 쓴 책이다. 우리의 인간관계, 나아가 우리 인생의 성공과 실패가 바로 말에 의해 결정되기 때문이다. 이제부터 일상적인 관계부터 업무상 회의, 면접 등 의사소통의 다양한 측면을 살펴, 입을 다스리는 방법과 그 중요성에 대해 알아보자.

차례

말하는 습관을 바꿔라

적절한 한마디의 힘

소문을 다스려라

침묵의 기술

비밀을 지키는 법

나가는 말

말이 자신의 가치를 결정한다

왜 사람들은
말로 소통하고 싶어 할까?

세상을 움직이는 것은 무엇일까? 어떤 사람들은 "사랑이 세상을 움직인다"고 말하고, 어떤 사람들은 "돈이 세상을 움직인다"고 말한다. 또 다른 누군가는 "통신시설이 세상을 움직인다"고 말한다. 당신은 무엇이 세상을 움직인다고 생각하는가?

현대를 살아가는 우리는 복합적인 방식으로 서로 소통한다. 물론 굉장히 다양한 기계들과 서비스 덕택이다. 매일 여러 가지 형태로 전송되고 수신되는 정보들, 즉 이런 전자혁명의 산물들은 우리 주변에 흘러넘치고 있다. 직장에서는 컴퓨터를 비롯한 각종 통신 시스템들을 이용하여 날마다 업무를 해치운다. 심지어 휴일이나 휴가 기간 중에도 각종 전자기기의 유혹에 시달린다. 라디오, 텔레비전, 콤팩트디스

크CD, 레코드, 카세트, 컴퓨터, 위성방송 수신기 같은 전자 장치를 사용해야만 즐거운 시간을 보낼 수 있다.

우리는 이런 다양한 기계들을 사용해서 오락과 여흥을 즐긴다. 직장에서는 이런 기계들을 통해 수많은 정보를 신속하게 얻음으로써 업무효율을 높인다. 사실상 우리 생활은 모든 면에서 통신시설과 관련을 맺고 있다. 통신시설은 우리가 시간과 돈을 소비하는 방식은 물론이고, 직장 등의 경쟁에서 살아남는 능력, 생활수준을 유지하는 능력에도 영향을 미친다.

그러나 새롭고 특이한 온갖 기기들을 사용할 수 있음에도 불구하고, 사람들은 누군가와 인간적으로 소통하고 싶어 한다. 우리는 친한 사람에게 메모와 편지, 카드를 보낸다. 서류나 문서의 여백에는 알아보기도 힘든 글씨를 휘갈긴다. 연기로 하늘에 글씨를 쓰거나, 하늘에 긴 꼬리를 남기며 비행하는 사람들도 있다. 우리는 모래 위에 러브레터를 쓰고, 벽에 그라피티graffiti를 그리며, 교실 책상에 "사랑해"라는 글자를 새긴다. 우리는 직접 만나서, 그리고 전화로, 끊임없이 서로 대화를 나눈다. 사람들끼리의 의사소통, 즉 대화는 우리의 삶에서 아주 중요한 역할을 한다.

최첨단 통신장비들이 대기하고 있음에도, 인간적인 소통은 활발히 이루어져 왔으며 앞으로도 오랫동안 이어질 것이다. 현재 '대화'는 우리가 서로 소통하는 데 가장 널리 사용하는 수단이다. 사람들은 여전히 서로 대화를 나눈다. 사람들은 다른 사람과 대화하기를 좋아하고, 그러고 싶어 한다. 사람들은 타인과 대화를 나눌 필요가 있고, 그래야만 한다. 대화는 인간의 본성이다. 얼굴을 마주보며 서로 생각을 주고받는 방법은 여전히 최고의 의사소통 수단이며, 그 가장 중요한 요소가 바로 말이다.

말하는 습관을 보면
사람을 안다

우리가 날마다 주고받는 상호작용들은 대화를 중심으로 펼쳐진다. 대화가 사람들 사이의 모든 상호작용의 기초가 되기 때문에, 효과적으로 대화하는 능력은 무엇보다 중요하다. 게다가 다른 사람이 우리를 어떻게 생각하는가는 물론이고, 우리가 자신을 어떻게 표현하느냐에 따라 우리의 가치가 결정된다.

얼핏 보기엔 대화를 나누는 일은 매우 단순한 듯하지만, 자세히 들여다보면 수많은 복잡한 요소들이 얽히고설켜 있다. '대화'란 그저 이런저런 시답잖은 이야기를 늘어놓는 게 아니다. 대화를 통해 우리는 메시지를 효과적으로 전달하고, 아이디어를 팔며, 유용한 정보를 주고받는다. 비밀을 털어놓기도 하고, 비밀을 퍼뜨리기도 한다. 그렇게 해서 우리가 입을 열어 말을 할 때마다 우리는 모종의 도전에 직면하거나 혹은 문제를 야기할 위험을 무릅쓰게 된다. 하지만 대안은 없다. 입을 열지 않고 살아갈 수 있는 다른 방법은 없다. 우리는 다른 사람과 대화해야 한다는 사실에서 벗어날 수 없다. 사람은 서로 대화를 나누어야 한다. 대화하는 데 능숙한 사람이 있는가 하면 서투른 사람도 있다. 그런데 능숙하게 대화할 줄 아는 사람이 대체로 훨씬 성공적인 인생을 산다!

뉴욕 사람들은 "먹는 것을 보면 사람을 안다"고 말하곤 한다. 너무 많이 먹으면서 운동을 게을리하면, 어느새 뚱보가 되어 버리는 것은 자명하다. 허리에 군살이 붙고, 몸매도 망가진다. 반대로, 음식을 적당히 먹고 규칙적으로 운동하면, 탄탄하고 매력적인 몸매를 만들 수 있다. 외모를 보면 평소 식습관과 운동 정도를 알 수 있는 것이 맞다.

서던 캘리포니아에는 "차를 보면 사람을 안다"는 말이 있다. 균형 잡힌 몸매, 햇볕에 적당히 그을린 피부, 말쑥한 외모만으론 충분하지 않다. 그에 더해 우리는 자신을 잘 표현해 주는 자동차를 몰아야 한다. 자동차는 자신이 누구인지, 혹은 적어도 자신이 누구라고 생각하는지를 잘 드러내야 한다. 가령 어떤 사람이 평범한 자동차가 아니라 폭스바겐이나 메르세데스, 포르쉐, 재규어, 또는 롤스로이스 컨버터블을 몬다면, 그는 유행을 좇는 사람이 분명하다.

프랑스에는 또 다른 기준들이 있다. 그중 하나가 "입는 것을 보면 사람을 안다"는 것이다. 7월의 어느 화창한 저녁, 샹젤리제 거리를 거닐거나 그곳의 유명한 식당에서 식사를 하고 있으면, 몸에 두른 액세서리나 옷에 따라 평가받을 수 있다.

뉴욕, 캘리포니아, 파리는 물론이고 전 세계 어디를 가도 사람들의 마음속에는 다른 사람을 평가하는 각기 다른 기준이 존재한다. 하지만 사람을 평가하는 공통분모도 있다. 모든 문화에 적용되는 평가 기준은 바로 '말하는 습관'이다. 어떤 사람이 말을 하기 시작하면 평소 무엇을 입고, 먹고, 운전하건 간에 곧장 그의 내면이 드러나 버린다. 그가 하는 말과 말하는 습관을 보면, 그를 둘러싼 가식과 허울이 한 꺼풀씩 벗겨지고 진짜 모습이 드러나는 것이다.

마음을 움직이는
말의 잠재력

완벽한 사람은 항상 적절한 때에 적절한 말만 한다. 나머지 사람들인 우리는 부적절한 때에 부적절한 말만 하는 듯하다. 그리고 그 때문에 우리는 종종 난처한 상황에 빠진다.

내 친구 중 하나는 걸핏하면 부적절한 때에 부적절한 말을 내뱉었다. 결국 그는 "뇌가 돌아가기 전에는 절대로 입을 놀리지 않는다"라고 적은 메모판을 만들었다. 그는 말하기 전에 충분히 생각하는 버릇을 들이기 위해, 벽에 메모판을 붙여 두었다. 말하기 전에 생각하기. 그게 가장 중요하다. 입 밖으로 내뱉는 말을 다스리지 못하면, 우리는 잘못된 말을 할 공산이 크다.

군대에서 기초훈련 때 가장 먼저 배우는 것은 '재빨리 차렷 자세를 취하는 법'과 '차렷 자세로 서 있는 법'이다. 그리고 다음으로 배우는 것이 바로 '입조심 하는 법'이다. 군 생활을 하는 동안 수많은 병사들은 "장腸은 비우고 입은 다물라"는 충고를 귀에 딱지가 앉게 듣는다. 이 충고를 따르면 군 생활이 편하지만, 그렇지 않으면 큰 곤란을 겪게 된다.

하지만 불행하게도 그런 방법은 군대에서나 통하지 사회에서는 통하지 않는다. 사회생활을 하면서 주야장천 입을 닫고 있으면, 머지않아 실패자로 전락하고 만다. 우리는 서로 대화를 해야 한다. 실제로 우리는 많은 말을 하면서 살아가는데, 그래서 '말'이란 무엇인지 규정하기 위해 굉장히 다양한 어휘를 만들어 냈다. 다음은 우리가 말하는 방식을 표현하기 위해 흔히 쓰는 말들 몇 가지이다. 과연 그런지 생각해 보자.

- 말을 오래 하는 사람을 수다쟁이 혹은 떠버리라고 한다. 조잘거린다, 장광설을 늘어놓는다, 입이 헤프다, 라고 표현한다.
- 자신을 변호하면(혹은 변명을 늘어놓으면) 말대답한다, 잘도 지껄인다, 딱딱거린다, 방어적이다, 라고 말한다.
- 비밀을 누설하거나 고자질하는 사람을 고자질쟁이, 떠버리라고 한다. 또한 입이 가볍다, 입이 싸다, 입이 방정맞다, 라고 표현한다.
- 설득력 있게 말하는 사람을 언변이 좋다, 구변이 좋다, 말솜씨

가 능란하다(능변이다)고 한다. 혹은 교활하다고도 한다.

- 터무니없는 이야기를 하면 허풍선이, 거짓말쟁이, 괴짜라고
한다. 헛소리, 잠꼬대 같은 소리, 허황된 소리를 늘어놓는다고
한다.

- 거짓말을 일삼는 사람을 거짓말쟁이라고 한다.

- 농담을 잘 하면 재미있는 사람, 유쾌한 사람, 익살꾼, 재담꾼,
잘 웃기는 사람이라고 한다.

- 매사에 불평불만을 늘어놓는 사람을 고약하다, 성마르다, 성미
가 까다롭다, 괴팍하다고 한다. 우는 소리한다, 푸념한다, 넋두
리를 늘어놓는다, 한탄한다, 투덜댄다, 라고 표현한다.

- 경구警句를 자주 인용하는 사람을 두고, 아는 체한다, 젠체한
다, 건방지다, 거만하다, 오만불손하다고 말한다.

- 항상 솔직하게 말하는 사람을 진부하다, 고지식하다, 딱딱하
다, 따분하다, 순진하다고 말한다.

- 시원시원하게 말하면 내막을 잘 안다, 사정에 밝다고 말한다.
그런 사람을 쾌활하다, 멋지다, 끝내준다, 라고 표현한다.

- 시적 표현을 자주 쓰는 사람을 로맨틱하다, 낭만적이다, 라고
한다.

- 말을 툭툭 내뱉거나 지껄이면, 냉담하다, 쌀쌀맞다고 한다.

- 쉬지 않고 빠르게 말하는 사람을 수다쟁이, 떠버리라고 한다.
혹은 활달하다고 한다. 천천히 느릿느릿 말하면 지겹다, 따분

하다, 짜증난다고 한다.

- 말을 길게 늘이는 사람을 따분하다, 지루하다고 한다. 말을 간결하게 하면 무뚝뚝하다, 퉁명스럽다고 한다.
- 막힘없이 술술 말하는 사람을 두고 입심 좋다, 구변 좋다, 청산유수라고 한다. 비속어나 육두문자를 쓰는 사람을 상스럽다, 교양 없다고 한다.
- 크게 소리 내어 웃으면 유쾌한 사람이라고 한다. 킬킬거리면 배꼽 빠지게 웃긴 것이다. 말을 더듬으면 불안한 것이다.
- 사실과 다르게 말하는 것을 허튼소리라고 한다.
- 사실 그대로 말하는 사람을 솔직하다, 올바르다고 한다.

중얼대건, 탄식하건, 신음하건, 악을 쓰건, 징징대건, 고함치건 간에, 한 번 내뱉은 말은 다시는 주워 담을 수 없다. 사람들은 우리가 한 말을 듣고 나름대로 '해석'을 하는데, 그 해석에는 우리의 모습이 담겨 있다. 그 해석이 우리에게 도움이 된다면, 그것은 긍정적인 것, 즉 이익이 된다. 반대로 그 해석이 어떤 식으로든 우리에게 해를 끼친다면, 그것은 부정적인 것, 즉 손해가 된다.

역사상 위대한 연설가나 성공한 정치가를 보면, 화술의 힘이 얼마나 대단한지 알 수 있다. 그들은 유권자의 관심을 끌기 위해 자신의 화술을 최대한 활용했다. 그렇게 해서 자신의 결심을 전하고, 목적을 이루는 데 필요한 영향력과 통제력을 행사했다. 이와 마찬가지로, 훌륭한 예술가와 연기자들은 언어 능력을 다듬는 데 오랜 시간과 노력을 쏟아붓는다. 문장 하나만 살짝 비틀어도 객석의 분위기를 한껏 고조시켜 관객을 단번에 사로잡을 수 있기 때문이다.

그들은 말의 잠재력을 십분 활용함으로써 큰 성과를 거두었다. 말하기 기술의 긍정적 측면을 최대한 이용하면 어떤 효력이 있는지 그들은 여실히 보여 준다.

하지만 예술가나 연기자들 이야기는 그쯤 해두기로 하자. 우리는 어떤가? 우리는 다른 사람들에게 어떤 인상을 주는가? 다른 사람들은 우리를 어떻게 생각하는가?

칼보다 강한 것이
입이다

과거에는 칼보다 강한 것이 펜이었지만, 오늘날 칼보다 강한 것은 입이다. 말은 우리의 일상생활에 엄청난 영향을 미친다. 말은 해석을 필요로 하는 강력한 힘이다.

사람들이 대화를 나누는 동안에는 복잡하고 다양한 과정들이 일어난다. 그 과정은 말하기, 생각하기, 듣기라는 세 가지 요소로 이루어진다. 대화를 하면서 우리는 다양한 관점에서 말하고 생각하고 듣는데, 그 모든 과정에 수많은 요인이 작용한다. 말에는 다양한 뉘앙스가 숨어 있고, 뜻의 미묘한 차이가 존재한다. 이를테면 말이 담고 있는 메시지를 윤색하거나 바꾸는 수식어들, 함축, 저의 같은 것들이 있다.

예리한 전달자(말하는 사람)는 듣는 능력도 뛰어나서, 그처럼 미묘한 차이들을 쉽게 알아차린다. 그는 상대방의 의도를 재빨리 꿰뚫어 보고, 말의 행간에 숨은 뜻을 읽어 낼 수 있다. 상대의 관점을 알아차리고 나면, 상대의 말을 정확히 해석할 수 있다. 그리고 어쩌면 훨씬 더 중요한 것까지도 밝혀낼 수 있다. 즉 상대가 하지 않은 말과 숨은 의도, 정보를 사용하는 방식(악용하거나 오용하고 있지는 않은가)을 밝혀낼 수 있다. 또한 상대가 대화에서 어느 정도의 통제력을 행사하려 하는지까지도 알 수 있다.

대화의 진짜 목적을 간파하는 능력은 결과를 자신에게 이롭게 만들기 위해 반드시 갖춰야 한다. 문제는 그러는 동안 다른 사람들도 우리의 숨은 의도를 알아내려고 애쓰고 있다는 것이다! 대화에서 우위를 점하고 싶다면, 상대보다 몇 발 앞서 생각할 줄 알아야 한다. 정말로 날카로운 통찰력을 지닌 전달자는 대화 과정에 관련된 다양한 변수를 꿰뚫고 있다.

대화 과정을 터득하려면 자신의 입을 완벽하게 통제해야 하고, 그러려면 관련된 개념과 기술들을 알아야 한다. 대화를 성공적으로 이끌고 결과를 자기에게 유리하게 만들 수만 있다면, 약간의 시간과 노력을 투자하는 것이 어렵겠는가? 대화의 주도권을 장악하고 상대에게 영향력을 행사할 수 있다면, 얼마나 멋지겠는가?

우리는 그저 말의 미묘한 차이를 알아차리고, 몇 가지 입증된 기술을 잘 구사하기만 하면 된다. 그러면 상황과 필요에 맞게 우리의 입을 관리하고, 상대보다 앞설 수 있는 만반의 준비를 갖추게 될 것이다.

후회할 말을
하지 않는 방법

나는 여러분에게 나중에 (땅을 치고) 후회할 단어나 문장을 절대 말하지 않는 법을 가르쳐 줄 것이다. 누군가로부터 존경받는다는 것은 성공했다는 증거다. 그렇다면 어째서 어떤 사람은 존경받고, 어떤 사람은 그렇지 못할까? 어째서 뛰어난 화술을 갖추면 권력을 얻게 될까? 사람들은 어떻게 명성을 얻고 유지할까? 어떻게 하면 흔히 빠지는 덫과 함정을 피할 수 있을까? 효과적인 대화를 망치는 일반적인 문제들은 어떻게 해결할 수 있을까?

나는 여러분이 말을 통제하는 것은 물론이고, 상대방의 의도를 더 잘 꿰뚫어 볼 수 있도록 각종 조언과 기술을 알려 줄 것이다. 그렇게 해서 대화에 맞게 적절하게 대응할 수 있도록 이끌어 주려 한다. 좀 더 구체적으로 말하자면, 다음 영역들에 대해 배우게 될 것이다.

- 적절한 때에 적절한 말을 하는 방법을 터득한다.
- 침묵하는 것과 비밀을 간직하는 것의 가치를 인정한다.
- 대화를 더 잘 통제하는 능력을 개발한다.
- 정보를 봉쇄하고 유포를 막아 중요한 상황을 적절히 처리한다.
- 취업 면접에서 해야 할 말과 해서는 안 되는 말을 구분한다.
- 성격적인 문제가 행동에 어떤 영향을 미치는지 이해한다.
- 소문이 인간관계에 어떤 영향을 미치는지 깨닫는다.
- 민감한 정보를 처리한다.
- 정보를 손에 넣는 법과 정보의 누설을 막는 방법을 배운다.
- 회의 같은 경영 상황에 도사리고 있는 각종 위험을 알아차리
  고, 위험에 빠지지 않도록 경계한다.
- 말의 의미를 해석하는 데 (몸짓이나 표정과 같은) 비언어적인 표
  현이 어떤 역할을 하는지 이해한다.
- 효과적으로 '입을 관리하는' 여러 유용한 기술을 배운다.

여기서 제시한 항목들에는 일정한 평가기준이 있는데, 그것
은 '성공으로 이끌어 주는 입 관리 능력'을 개발하는 데 길
잡이가 되어 줄 것이다. 다음 장에서 하나씩 자세하게 살펴
보자.

품위 있게 말하기

인간관계에 성공하는
품위 있게 말하는 기술

현대의 관리자는 유능해야 한다. 관리 과정에는 '기획, 조직, 지시, 조정, 통제'가 있다. 각 관리자는 그 과정이 차질 없이 돌아가게 할 책임을 지고 있기 때문에 다양한 기술을 자유자재로 사용할 수 있어야 한다.

기업들은 오래전부터 효과적인 관리 기술의 필요성을 절감해 왔다. 그래서 많은 회사들이 관리자 교육훈련Management Training Program, MTP을 실시하는 등 관리자의 기술을 개발하는 데 막대한 비용을 들이고 있다.

'세일즈 트레이닝, 제품지식 교육, 협상, 경청, 동기부여, 감독 및 관리, 리더십, 그리고 문제해결 능력.' 이것들은 오늘날 관리자 훈련 책자에 등장하는 몇몇 교과목이다. 그런데 우리가 자주 간과하지만 스스로의 삶에 만족하고 직장에서 성공하며, 부하와 상사 모두의 존경을 얻는 데 꼭 필요한 관리 기술이 하나 있다. 그것은 바로 우리 스스로가 하는 '말'을 관리하는 기술이다.

사람은 주로 자신의 경험을 토대로 말을 한다. 우리가 하는 말이 다른 사람들에게 미치는 영향은 대단히 크지만, 우리는 대부분 결과를 운에 맡기는 경향이 있다.

이런 경향은 몇 가지 질문을 던지게 한다. 말을 잘못해서 나쁜 결과를 얻는다면, 자신의 의사소통 기술을 더 높이는 게 당연하지 않을까? '원활한 의사소통'이 관리훈련 교과목들의 맨 앞에 와야 하지 않을까? 말하기 분야에서 우리의 기량을 향상시킨다면 우리 자신과 조직, 더 나아가 가족과 친구들까지도 큰 이익을 얻게 되지 않을까?

말하는 내 모습,
찬찬히 바라보기

언어능력은 모든 인간관계를 형성하고 유지한다. 언어능력은 어느 분야에서든 전문가로서의 능력을 돋보이게 하고, 자신의 의사를 잘 표현하여 신용을 드높이는 데 반드시 필요한 중요 자원이다. 의사소통 능력을 개발하려면, 가장 먼저 자신이 지닌 강점과 약점을 평가해 보아야 한다. 그렇게 해보면 자신의 능력을 향상시키기 위해 무엇을 해야 하는지 알게 될 것이다.

다음은 우리가 자신의 강점과 약점이 어디에 있는지 파악하는 데 사용할 수 있는 간단한 평가도구이다. 다음 문장을 읽고, 자신이 대화에 임하는 방식을 점검한 후 4점 척도로 평가해 보기 바란다.

[1] 전혀 그렇지 않다   [2] 약간 그렇다   [3] 보통이다   [4] 매우 그렇다

1. 나는 다른 사람의 말을 경청한다. 대화를 나눌 때면 언제나 열린 마음으로 (수용적인 태도로) 상대의 말을 경청한다. (   )

2. 사람을 처음 만날 때 나는 외모로 어필하기보단 말을 현명하게 해서 좋은 인상을 남기려고 한다. (   )

3. 나는 말의 속도와 어조를 잘 살려 말한다. 이는 대화 상대에게 큰 영향을 미친다. (   )

4. 나는 몸짓과 표정을 섞어 가며 활기차게 이야기하는데, 몸짓과 표정은 대화가 물 흐르듯 자연스럽게 진행되는 데 도움이 된다. (   )

5. 나는 내 말의 효과를 극대화하기 위해, 일부러 음량과 억양에 변화를 준다. (   )

6. 대화를 할 때 나는 항상 상대방과 친밀감을 형성하려고 노력한다. 나는 누군가의 적이 되기보단 친구가 되고 싶다. (   )

7. 대인관계 능력은 지금까지 내 성공의 비결이며, 나의 가장 소중한 자산이다. (   )

8. 나는 자기 통제의 중요성을 잘 알고 있으며, 항상 나 자신을 잘 통제한다. (   )

9. 나는 사람들과 원만하게 소통한다. 소통에 관련된 모든 요소를 완벽하게 이해하고 있기 때문이다. (   )

10. 나는 항상 말조심을 한다. 낮말은 새가 듣고 밤말은 쥐가 듣는 법이니까. (   )

11. 나는 민감한 정보를 입에 올리거나 누설하는 법이 거의 없다. (   )

12. 나는 일부러 입을 다물고 있을 수 있다. 내가 말하는 모든 것을 완벽하게 통제할 수 있기 때문이다. (   )

13. 나는 내가 하는 말을 통제할 수 있다. 심지어 술을 몇 잔 걸치더라도 그렇게 할 수 있다. (   )

14. 나는 항상 모든 것을 털어놓아야 속이 후련해지고 기분이 나아지는 것 같다. ( )

15. 나는 다른 사람을 거의 믿지 않는다. ( )

16. 나는 비밀을 지킬 수 있다. 내가 정보를 누설하게 될까 봐 걱정하지 않는다. ( )

17. 나는 사내 정보 유출은 심각한 사건이며, 회사에 큰 손실을 입힐 수 있다고 생각한다. ( )

18. 나는 비밀을 털어놓고 싶은 충동을 느낀 적이 거의 없다. 그래서 내가 비밀을 지킬 수 있음을 안다. ( )

19. 대화할 때 나는 종종 숨은 단서들을 넌지시 말한다. 눈치 빠른 사람이라면 행간을 읽고 진의를 알아차릴 수 있을 것이다. ( )

20. 나는 평소 말다툼에 휘말리는 법이 없기 때문에, 그 문제에 대해 걱정하지 않는다. ( )

21. 나에게 말을 절제하는 일은 그야말로 누워서 떡 먹기다. ( )

22. 나는 대화를 비롯한 대부분의 상황에서 꽤 훌륭하게 처신한다고 생각한다. ( )

23. 나는 머리끝까지 화가 날 때에도 감정적으로 대응하지 않는다. 나는 자신을 잘 다스려서 나중에 후회할 짓은 하지 않는다. ( )

24. 나는 내가 느끼는 감정들을 깊이 이해하기 때문에, 내가 어떤 말을 할 때 그 이유를 잘 알고 있다. ( )

25. 나는 말할 때와 침묵할 때를 구분할 줄 안다. ( )

26. 나는 민감한 정보를 혼자 알고 있기가 굉장히 힘들다. 비밀스러운 사람이 아니기 때문이다. ( )

27. 내가 욕설을 내뱉는 경우는 거의 없다. 욕을 하는 행동은 직장생활이나 사회생활을 하는 데 부적절하기 때문이다. ( )

28. 나는 남의 말을 열심히 듣긴 하지만 그중 대부분을 기억하지 못한다. ( )

29. 대화할 때 나는 침묵을 매우 효과적으로 사용한다.   (   )

30. 나는 상대방에게 내 생각을 이해시키거나, 상대방을 설득해서 내가 바라는
    대로 하게 하는 일에 능숙하다.   (   )

31. 나는 정직하고 대쪽 같은 사람이 되고 싶다. 하지만 아귀다툼을 벌이는 이
    세상에서 항상 정직하게만 산다면, 살아남을 수 없을 것이다. 그래서 나는
    때때로 거짓말을 한다.   (   )

___

자, 여러분의 모습은 어떠한가? 자신의 점수를 합산해 보라.
80점 혹은 그 이상이라면, 여러분은 아마도 입을 잘 단속
하고 있는 편이다. 일단 비즈니스 세계에서 대화의 실체와
복잡성을 제대로 알고 있다. 분명 여러분은 자신이 최상의
이익을 얻도록 입을 관리해 줄 적절한 방법을 사용하여, 입
을 열 때 맞닥뜨릴 각종 위험을 줄일 것이다.

만약 80점 이하라면, 원활한 의사소통을 하는 데 중요한
세부 요소들을 더 잘 이해해야 한다. 그러기 위해 지금부터
각 항목을 다시 한 번 짚어 보며 대화에서 긍정적인 결과,
다시 말해 자신에게 이롭게 작용할 결과를 얻기 위해 어떤
접근법이 더 유리한지 살펴보도록 하자.

1 대화는 시소타기와 같다는 사실을 잊지 마라

나는 다른 사람의 말을 경청한다. 대화를 나눌 때면 언제나 열린 마음
으로(수용적인 태도로) 상대의 말을 경청한다.

말을 할 때마다 우리는 위험을 무릅쓰게 된다. 자신을 너무
많이 노출할 위험, 비밀을 누설할 위험, 혹은 정보를 왜곡할
위험이 있다. 어쩌면 정보가 잘못 전달돼서 결국 자신에게
불리하게 작용할지도 모른다.

생산적인 대화를 하려면, 상대의 말을 경청하고 적절하게
반응해야 한다. 남의 이야기를 귀 기울여 들으면, 여러모로
이득이 있다. 42쪽의 그림은 대화 사이클에 따라 위험의 높
고 낮음이 어떻게 변하는지 설명하는 그림이다. 오른쪽 상
단, 가장 큰 책임이 따르는 영역부터 시작해서 도표를 시계
방향으로 따라가 보라. 대화의 정도(참여도)가 높으면, 비교
적 높은 위험이 따름을 알 수 있다. 도표를 보면 말의 양이 직
접적인 영향을 미치며, 거기에 참여도가 복합적으로 작용하
면서 스스로 문제를 일으킬 가능성이 높아지거나 낮아진다.

앞서 말했듯이, 남의 말을 잘 듣는 사람은 이득을 얻을 가
능성이 많다. 그 이유는 무엇일까? 대화는 놀이터의 시소 타
기와 같다. 우리가 무릅쓰는 위험이 낮을수록, 대화 상대가
무릅쓰는 위험은 높아진다. 그 결과 우리는 더 많은 정보를
얻으면서, 우리가 가진 정보를 가급적 적게 노출할 수 있다.

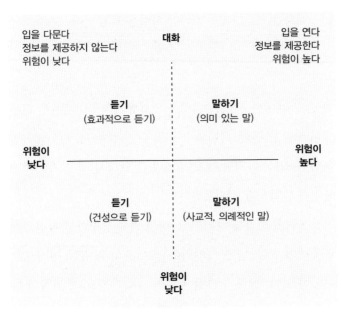

입을 다문다
정보를 제공하지 않는다
위험이 낮다

대화

입을 연다
정보를 제공한다
위험이 높다

듣기
(효과적으로 듣기)

말하기
(의미 있는 말)

위험이
낮다

위험이
높다

듣기
(건성으로 듣기)

말하기
(사교적, 의례적인 말)

위험이
낮다

대화 사이클에 따른 위험도

요컨대 우리는 이득을 얻고, 상대는 손해를 보는 것이다(우리는 얻고, 상대는 잃게 된다).

이제 우리는 말을 통제하는 법(즉, 입을 단속하는 법)뿐만 아니라, 보다 효과적으로 듣는 법도 배워야 한다. 그렇게 하면 우리가 무릅써야 할 위험을 최소화하는 동시에 대화 상대가 무릅써야 할 위험은 극대화할 수 있다.

2 첫인상보다 두 번째 인상을 좋게 만들라

사람을 처음 만날 때 나는 외모로 어필하기보단 말을 현명하게 해서 좋은 인상을 남기려고 한다.

첫인상은 대체로 꽤 정확하다. 그래서 한번 심어진 첫인상은 살면서 씻어 내기가 굉장히 어렵다. 하지만 사람들이 두 번째 인상을 판단할 때는 첫인상보다 더 신중한 경향이 있다. 그렇게 판단한 두 번째 인상은 첫인상보다 더 오랫동안 남는다.

오랫동안 만나는 직장동료나 친구들은 우리의 모든 면을 예리하게 평가한다. 그들은 첫인상에 얽매이지 않는다. 우리의 겉모습을 꿰뚫고, 우리의 지적능력과 성격의 가장 깊숙한 곳까지 들여다본다. 우리의 내면을 완전히 뒤집어 보고, 엑스선으로 촬영하듯 꿰뚫어 본다. 그들은 우리가 하는 말을 해석해서 우리의 진실성을 판단한다. 사람들은 우리가 하는 말을 통해 우리를 판단할 것이고, 우리의 행동은 판단의 보조 수단으로 밀려난다. 우리가 어떤 말을 어떻게 하느냐에 따라 성패가 갈린다.

3   말에 생기를 더하는 두 가지 비책을 써라

나는 말의 속도와 어조를 잘 살려 말한다. 이는 대화 상대에게 큰 영향을 미친다.

말은 친한 친구가 둘 있는데, 바로 '속도'와 '어조'이다. 어떤 사람의 말은 따분하고 지루하게 들리고, 어떤 사람의 말은 생생하고 흥미진진하게 들린다. 평범하고 재미없는 주제라도 열정적인 연설가가 말하면 재미있게 들리는 경우를 자주 보았을 것이다. 반대로 훌륭한 이야기인데 말하는 사람의 단조롭고 기운 없는 말투 때문에 지루하게 들리는 경험 또한 수없이 했다.

4   보디랭귀지로 입을 더욱 단속하라

나는 몸짓과 표정을 섞어가며 활기차게 이야기하는데, 몸짓과 표정은 대화가 물 흐르듯 자연스럽게 진행되는 데 도움이 된다.

보디랭귀지(몸짓언어)는 분명하거나 미묘한, 그리고 의식적이거나 무의식적인 다양한 몸짓과 얼굴 표정으로 이루어진다. 또한 보디랭귀지는 여러 가지 실마리를 제공해 준다. 즉, 우리가 말로 전달하는 정보를 뒷받침해 주거나 정보가 거짓임을 보여 준다. 상대에게 좀 더 가까이 다가서는 것, 상대의 얼굴을 정면으로 바라보는 것 등 수많은 몸짓과 제스처, 표정은 듣는 사람을 편안하게 해서 활발한 대화가 오가게 하는 역할을 한다. 혹은 반대로 듣는 사람을 불쾌하게 해서 대화를 방해하는 역할을 하기도 한다. 어떤 몸짓과 표정은 우리에게 이롭게 작용하고, 어떤 몸짓과 표정은 우리에게 손해를 입힌다는 것이다.

우리가 하는 말에 의미를 덧붙인다는 점에서 볼 때 보디랭귀지도 입을 단속하는 방법의 일부이다. 제스처, 몸짓, 얼굴 표정을 적절하게 사용하면, 말이 풍성해지고 어조도 활기차게 바뀐다. 또한 상대방은 우리가 전하려는 메시지를 더 쉽게 이해할 수 있게 된다. 말하는 방식을 전체적으로 바꾸면 듣는 사람이 말하는 사람의 메시지를 더 쉽게 받아들이게 된다.

우리는 말을 하지 않아도 다른 사람과 의사소통을 할 수 있다. 비언어적 의사표현이나 보디랭귀지는 말에 버금가는 영향력을 갖고 있다. 때로는 훨씬 더 큰 영향력을 갖기도 한다. 비언어적 의사표현에는 팔과 다리, 머리 등을 움직이는 것도 포함된다. 또한 시선을 마주치는 것, 상대방과의 거리도 포함된다. 말하는 사람이 몸짓을 곁들여 말하면, 그가 전하려는 메시지를 듣는 사람은 좀 더 확실히 이해할 수 있다.

보디랭귀지의 효력은 너무나 강력하다. 그래서 보디랭귀지 때문에 말에 담긴 진실을 숨기지 못할 때가 종종 있다.

우리의 몸은 거짓말하는 법을 모른다. 우리가 하는 모든 몸짓은 어떤 메시지를 전하는데, 그것은 우리가 하는 말을 강화하기도 하고, 부정하기도 한다. 여하튼 진실은 항상 승리하는 법이다. 비유하자면, 말은 두꺼운 안개나 폭우로 가릴 수 있고, 맹렬한 비난과 격한 몸짓으로도 가릴 수 있다. 요컨대 실제로 우리가 하는 말은 듣는 사람에게 전달하는 전체 메시지의 일부일 뿐이다.

말에 상응하는 것이 침묵의 언어silent language(소리 없는 언어)이다. 침묵의 언어는 대화를 나눌 때 듣는 사람이 반응하는 모든 부가적인 몸짓으로 이루어져 있다. 예를 들어 실어증이라는 병은 뇌 병변(뇌손상)에서 비롯되는데, 실어증 환자는 단어를 사용하는 데 극심한 어려움을 느끼거나 말하는 법을 완전히 잊어버린다. 하지만 실어증 환자들은 보디랭귀지에는 극도로 민감해진다. 그들은 말하는 사람의 얼굴에 스치는 미묘한 표정 변화, 억양과 어조, 말하는 속도의 변화를 알아차리고 해석하는 능력이 있으며, 그것으로 장애를 상쇄한다. 실어증 환자를 돌보는 사람들과 친구 및 친척들은 환자에게 거짓말하는 것이 사실상 불가능하다고 입을 모은다. 실어증 환자들은 말 자체에 속지 않으며, 오히려 말의 진의를 정확하게 이해할 수 있다. 그 메시지는 말하는 사람의 몸짓언어에서 찾아낸다. 설령 말을 이해하지 못한다고 해도, 실어증 환자들은 말하는 사람이 드러내는 비언어적 표현들을 해석할 수 있다. 이를테면 말하는 사람의 미소, 눈살을 찌푸리는 모습, 언짢은 표정, 거짓 제스처, 거짓 어조, 그밖에도 말에 숨은 진실을 드러내는 다양한 비언어적 표현들을 읽어 낸다.

5   소리의 크고 작음, 높고 낮음에 적절한 변화를 줘라

나는 내 말의 효과를 극대화하기 위해, 일부러 음량과 억양에 변화를 준다.

음량과 억양을 조절하면, 말의 의미가 변화되어 다양한 해석을 할 수 있게 해준다. 무미건조한 목소리로 말하는 사람은 자칫 무관심하고 열의 없게 생각되고, 상대방이 지루하고 따분해할 수 있다. 소리의 크고 작음, 높고 낮음에 적절한 변화를 주어 말하면 자신의 열정과 열의를 전달할 수 있다. 가령 문장 끝의 어조를 약간만 높여서 말해도, 듣는 사람은 그에 대한 인식이 크게 달라진다.

전 미국 대통령 조지 부시는 선거유세를 할 때 자주 '징징거린다'는 비아냥을 들었다. 국민들이 그렇게 생각한 원인은 각 문장의 마지막 단어를 나머지 단어들보다 한두 톤 높게 발음하는 그의 말버릇 때문이었다. 이와 반대로, 문장의 마지막 단어를 한두 톤 낮게 발음하면, 그 문장에는 힘과 권위가 가득 실린다. 영화배우 존 웨인은 그러한 미묘한 차이를 일찌감치 통달한 사람이었다. 그는 그 차이를 활용해 관객들 앞에서 위엄 있는 모습을 보여 줬다. 결국 조지 부시는 문장의 맨 끝 단어를 높이지 않는 방법을 배웠고, 그 결과가 어떻게 되었는지는 모두가 알 것이다.

나는 조지 부시가 긍정적인 이미지를 얻는 데 억양의 변화가 크게 기여했다고 믿는다. 말을 할 때 음량과 억양, 뉘앙스는 매우 중요하다. 그것들을 어떻게 조절하느냐에 따라 말하는 사람의 이미지는 확연히 달라진다. 그는 나약하거나 혹은 강인해 보이며, 듣는 사람의 비난을 받거나 혹은 지지를 받을 수 있다.

음량과 억양의 변화가 다른 모든 형태의 상호작용과 구별되는 이유는 언어적 의사소통이 가진 복잡성 때문이다. 음량과 억양을 바꾸는 것은 인간만이 할 수 있다. 그리고 거기에는 개인의 특성이 반영된다. 음량과 억양에는 말을 하는 배경이 되는 정서적, 신체적, 정신적 변화가 담겨 있다.

6 인간관계까지 망치는 거친 논쟁은 피하라

대화를 할 때 나는 항상 상대방과 친밀감을 형성하려고 노력한다. 나는 누군가의 적이 되기보단 친구가 되고 싶다.

사람들 사이의 대화는 2차선 도로와 같다. 그 도로는 사람들 사이에 친밀감이 생기게 할 수도 있고, 관계를 악화시킬 수도 있다. 친밀감이 생길 때, 사람들은 서로 비슷한 반응을 보인다. 대체로 쾌활하고, 상냥하고 다정하며, 무엇이든 기꺼이 도와준다. 그리고 편안한 관계를 맺는다. 반면에 싸울 때에는 친밀감과는 정반대인 말과 몸짓을 사용한다. 그러한 양극화가 생기는 까닭은 말하는 의도뿐만 아니라 말하는 방식에도 극심한 차이가 있기 때문이다.

경우에 따라서는 양극화가 그렇게 나쁘지만은 않다. 올바른 결정을 내리는 데 정반대의 견해가 도움이 되는 경우도 많기 때문이다. 하지만 양극화가 바람직하지 않은 경우는, 결정을 내리고 오랜 시간이 지난 뒤에도, 결정하기 전에 보인 행동이 모두의 기억에 남는 경우이다. 싸움에선 좋은 결과를 얻었지만, 장기적인 인간관계는 파괴되어 버린다. 실제로 우리는 장기적인 인간관계가 위태로워질 수 있는 논쟁에 쉽게 말려든다.

다음은 그런 상황에 말려들었던 한 여자의 이야기이다. 그 사건 때문에 그녀의 평판과 경력은 회복하기 어려울 정도로 망가졌다.

"회의 도중에 고객 서비스에 관한 문제가 제기됐다. 나는 고객의 불만을 처리하는 방식에 이의를 제기했다. 문제를 꺼낸 사람은 고객의 불만을 처리해 주는 방법은 한 가지밖에 없다고 주장했다. 고객이 먼저 큰소리로 항의하기 전까진 우리도 어떻게 해줄 수 없다는 것이었다. 당시 논의했던 불만의 내용은 정확하게 기억나지 않는다. 하지만 확실히 기억나는 건, 내가 그런 업무 처리 방식을 상당히 못마땅하게 생각했다는 것이다. 나는 너무 화가 나서 그녀의 불성실한 태도를 날카롭게 비난했고, 인신공격을 퍼부었다. 그때는 물론이고 지금도 고객 서비스에 대한 내 생각은 변함이 없다. 하지만 그녀에게 개인적인 모욕감을 안겨 준 것은 너무나 후회된다. 나는 그녀의 악감정을 사게 됐을 뿐만 아니라 모든 팀원들과 소원해졌다. 팀원들은 내게서 등을 돌렸고, 나를 싫어하게 되었다.

그것은 벌써 2년 전 일이다. 하지만 2년이 지난 지금도 나는 그 일 때문에 고통을 겪고 있다. 앞서 말했듯이 나는 논의 주제가 무엇이었는지조차 기억하지 못한다. 하지만 나를 비롯해 회의에 참석했던 모든 사람들은 지금까지도 그날의 내 행동을 생생히 기억하고 있다."

7 말 속에서 대인관계 능력을 터득하라

대인관계 능력은 지금까지 내 성공의 비결이며, 나의 가장 소중한 자산이다.

훌륭한 대인관계 능력은 다른 사람들과 원활한 상호작용을 하는 데 반드시 필요하지만, 쉽게 터득할 수 없는 귀중한 자산이다. 우수한 대인관계 능력은 오랜 경험과 교육, 훈련을 통해 길러진다. 대인관계 능력은 개인의 생각과 감정, 감성, 개인적인 성향에 영향을 받는다.

　모든 인간관계는 그러한 변수들이 서로 영향을 주고받아 이루어진다. 성공과 실패는 우리가 얼마나 능수능란하게 변수들을 사용하는가에 달려 있다. 대인관계 능력이 뛰어나면 우리는 성공할 것이고 친구를 얻을 것이다. 반대로 대인관계 능력이 형편없으면 우리는 실패할 것이고 친구를 잃을 것이다.

8 말재주를 과시하지 말고 입을 관리하라

나는 자기 통제의 중요성을 잘 알고 있으며, 항상 나 자신을 통제한다.

입을 관리할 때 통제는 가장 힘들고 어려운 부분이다. 말은 감시되고 관리되어야 하는데, 바로 '우리'가 그 일을 해야 한다. 또한 우리는 자신이 최상의 이익을 얻을 수 있도록 말해야 한다.

우리가 어떤 말을 어떻게 하느냐 뿐만 아니라 다른 사람이 우리를 어떻게 생각하느냐에 따라 우리가 얻을 효과는 달라진다. 어휘, 억양, 속도, 어조, 어투, 몸짓언어, 이 모든 게 합쳐져서 우리가 전하려는 의미를 이루고, 우리에 대한 듣는 사람의 인식에도 영향을 미친다.

우리는 여러 가지 다양한 상황에서, 다양한 방법으로 입을 관리할 수 있다. 말재주를 적절하게 활용하는 방법은 단 한 가지밖에 없지만, 말재주를 악용하는 방법은 수두룩하다.

둘만 있는 상황, 단체회의, 공식적인 자리, 비공식적인 자리 등 어떤 상황이건 사람들 사이에 이루어지는 대화에는 수많은 덫과 함정이 놓여 있다. 혀를 분별없이 놀리면 어떤 곤란한 결과를 얻게 되는지 조사해 보라. 그러면 위험 요소들을 분명히 알 수 있을 것이다. 다른 사람과 대화를 할 때 어느 정도로 통제력을 발휘하느냐에 따라 성공과 실패가 갈릴 수 있다. 우리의 성공은 우리가 지력, 그리고 어쩌면 그보다 훨씬 더 중요할 수 있는 판단력을 얼마나 잘 활용하느냐에 달려 있다.

9   총명하게 생각하고, 총명하게 판단하라

나는 사람들과 원만하게 소통한다. 소통에 관련된 모든 요소를 완벽하게 이해하고 있기 때문이다.

사람들 사이의 상호작용에는 다양한 변수가 작용한다. 이를테면, 대화에 참여하는 사람의 성격, 지적 능력, 대인관계 기술, 그밖에도 여러 가지 타고난 특성들이 그것이다.

우리가 말 한마디를 내뱉으려면 그전에 상호작용에 관련된 요소들이 작용하기 시작해서 생산물을 만들어 낸다. 그 생산물이 바로 '말'이다. 상호작용의 핵심요소는 지력(지적 능력)과 판단력이다. 따라서 자신이 하는 말을 더 잘 통제하려면, 지력과 판단력을 모두 갖추어야 한다.

지적 능력이란 구체적 사실과 추상적 개념에 대해 명확하고 날카롭게 생각하는 능력이다. 한편 판단력은 사회적 인식에 부합하는 결정을 내려서, 다른 사람들이 별다른 거부감 없이 그 결정을 수용할 수 있도록 하는 능력이다. 지적 능력과 판단력을 겸비하지 못하면, 아무리 똑똑한 사람이라도 통제력을 갖지 못한다. 어떤 사람이 자신의 결정을 상황에 맞게 조절하지 않으면(혹은 못하면), 어떻게 그를 '총명'하다고 할 수 있겠는가.

우리는 자신이 내린 판단에 흡족해할 수는 있지만 상황에 맞지 않는 판단이면, 완전히 잘못 생각한 것이다. 그리고 사람들은 십중팔구 우리의 결정을 따르지 않을 것이다.

다행스럽게도 말을 더 잘 통제할 수 있는 능력을 개발하는 방법이 있다. 그 단계별 과정은 다음과 같다. 우선 우리가 어떤 상황을 통제하려 한다고 가정해 보자. 거기서 우리는 돌고 돌며 사람들을 동요시키는 정보(소문)를 처리해야 한다.

질문하고 또 질문하기

먼저, 정보의 내용을 종이에 적어라. 그런 다음 스스로에게 몇 가지 질문을 던지고, 그 답을 적어 보라.

- 이 정보에 담긴 핵심 내용과 그 내용을 떠받치는 내용은 무엇인가?
- 어떤 정보가 사실이고, 어떤 정보가 잘못되었는가?
- 혹은 어떤 정보가 생략되어 있는가?
- 이 정보의 어떤 점이 사람들을 동요시키는가?
- 이 정보가 입소문을 타고 번지는 이유는 무엇인가?
- 정보가 직접적인 영향을 미치는 사람 혹은 사람들의 역할은 무엇인가?

이 모든 내용들을 종이에 적어라. 그런 다음 그 결과 어떤 문제를 겪게 될지 예상되는 생각을 적어 보라.

이제 사실을 담은 정보를 모아 정리해 보자. 그리고 우리에게 정보를 전달한 사람에게 직접 질문하라. 다른 사람에게는 정보에 대해 이야기하면 안 된다. 처음에는 정보가 그의 귀에 들어간 상황, 즉 무엇이, 언제, 어디서, 어떻게, 왜를 밝혀내는 데 질문의 초점을 맞춰야 한다. 그런 다음 정보의 출처를 정확하게 밝혀내라.

- 그는 누구에게서 정보를 들었는가?
- 그 자리에 함께 있었던 사람은 누구인가?
- 또 누가 정보를 들었는가?
- 그밖에 다른 말은 듣지 못했는가?

우리의 정보원에게 가능한 한 많은 정보를 끌어내야 한다. 그렇게 해서 소문이 급속히 퍼지고 있는 까닭을 이해하려면, 반드시 그 정보들을 찾아내야 한다.

그런 다음, 문제점을 명확하게 표현하라. 정보를 최대한 수집한 뒤에 다음 질문들에 답해 보라.

- 여기서 문제가 되는 것은 무엇인가?
- 그 문제는 조직에 관련된 문제인가, 개인적인 문제인가?
- 이 정보가 야기할 수 있는 잠재적인 문제들은 무엇인가?

- 직접적으로 관련된 사람들에게 어떤 일이 발생할 수 있는가?
- 경영진이 관심을 기울이고 직접 개입할 만한 문제인가?

명확하게 결정하고 구체적으로 적기

이제 자신의 결정을 구체화할 때이다. 지금부터 이 정보를 어떻게 처리할 것인지, 이 정보로 무엇을 할 것인지 명확하게 결정하고 구체적으로 적어 보라. 이를테면 우리는 다음과 같은 선택을 할 수 있다.

- 누구한테도 말하지 않고 비밀로 한다.
- 소문의 당사자들에게 연락해서 자신이 들은 것을 전한다.
- 가장 가까운 친구나 친척, 혹은 배우자에게만 털어놓는다.
- 소문을 재미있게 꾸며서 퍼뜨린다.

내린 결정의 장단점을 하나하나 따져 보기

마지막으로, 자신이 내린 결정을 꼼꼼히 따져 보고 장단점을 찾아 적어라. 결정을 실행에 옮긴 뒤, 그 실행에서 배우려고 노력해라. 자신의 반응을 점검해 본 다음, 실행의 결과를 전체적으로 살펴보고 곰곰이 생각해 보아야 한다.

- 그 결과 어떤 일이 벌어졌는가?

- 어떤 반응이 뒤따랐는가?
- 어떤 정보가 관련 당사자들이나 조직에 곤란을 야기했는가?
- 어떻게 하면 정보가 퍼지는 것을 막을 수 있었는가?
- 정보에 담긴 진실은 무엇이었는가?
- 나라면 어떻게 했겠는가?

그런 다음 스스로에게 몇 가지 질문을 던져 보라.

- 나라면 그런 경우에 어떻게 했겠는가?
- 나라면 다른 사람에게 정보를 전했을까?
- 그렇다면 어느 정도까지 전달했을까?
- 이 책을 읽고 있으니, 나의 행동이 조금 달라지지 않을까?
- 나는 이 문제를 제대로 이해하고 있는가?
- '입을 관리하는 법'을 배우고 있는가?
- 입을 관리하는 기술도 다른 기술들처럼 끊임없이 갈고닦아야 함을 알고 있는가?
- 그리고 나의 오랜 습관들을 버리고, 새로운 습관을 길들여야 함을 알고 있는가?

진정 입을 현명하고 자유롭게 관리하고 싶다면 자신의 강점과 약점을 꿰뚫어볼 통찰력, 터득한 기술을 실행에 옮길 굳은 결의가 필요하다.

10 큰소리로 떠들어 대는 사람들을 경계하라

나는 항상 말조심을 한다. 낮말은 새가 듣고 밤말은 쥐가 듣는 법이니까.

조심해라! 누군가 우리의 말을 듣고 있을지 모르니…… 엘리베이터, 화장실, 비행기, 택시 등 우리가 어디에 있든 벽에도 귀가 있다는 사실을 명심하라.

나는 사적인 대화를 '엿들은'(?) 적이 많다. 우연히 무심코 듣게 되었을 뿐 일부러 엿들은 것은 아니다. 여하튼 큰소리로 떠들어 대는 무신경한 사람들, 사람들 앞에서 민감한 문제를 논의하는 사람들, 누가 들을지도 모른다는 사실을 눈곱만큼도 신경 쓰지 않는 사람들은 주의해야 한다.

11 말하고 있는 순간에도 대화의 결과를 생각하라

나는 민감한 정보를 입에 올리거나 누설하는 법이 거의 없다.

민감한 정보는 쉽게 누설되는 법이다.

입을 단속하는 능력을 개발하려면 전화를 걸든 어떤 방식으로든 누군가와 대화할 때마다 대화의 결과에 대해 한 번더 생각해 보아야 한다. '아차' 하는 순간 우리는 말을 너무 많이 하는 함정에 빠지고 만다.

말을 하는 것은 고도로 문명화된 사회적 행동이며, 솔직히 우리는 누구 못지않게 친절하고 붙임성 있는 사람이 되고 싶어 한다. 하지만 그렇다고 해도 우리는 자신이 하는 말을 제한해야 한다. 스스로 자신의 신용을 떨어뜨리지 않도록 항상 자제해야 한다.

12 말할 때와 침묵할 때를 분별하라

나는 일부러 입을 다물고 있을 수 있다. 내가 말하는 모든 것을 완벽하게 통제할 수 있기 때문이다.

말해야 할 때와 침묵을 지켜야 할 때를 분별하는 것은 입을 단속하는 데에서 가장 어려운 부분이다. 말을 해놓고 후회한 적이 몇 번이나 되는지 세어 보라. 우리는 매번 생각 없이 지껄여 놓고는 "잠자코 입을 다물고 있었더라면 좋았을 텐데" 하고 땅을 치며 후회한다. 하지만 너무 늦었다! 후회해 봤자 소용없다! 한번 내뱉은 말은 다시 주워 담을 수 없으니까. 다음은 말과 관련된 꽤 유명한 일화이다.

고급 호텔의 호화 볼룸에서 열린 경영진 회의에서 일어난 일이다. 한 임원이 300여 명이 넘는 다른 임원들 앞에서 연설을 하고 있었다. 그때 청중석에 앉아 있던 그의 동료가 빈 정거리며 비꼬는 말을 했다. 연설을 하던 임원은 신랄한 말로 되받아치지 않고, 우아하게 천장을 올려다보며 외쳤다.

"오, 신이시여! 부디 제가 마음속에 있는 말을 내뱉지 않게 해주소서."

자신을 통제하고 평정을 잃지 않는 그의 모습에 청중들은 우레와 같은 박수를 보냈다. 그는 청중의 마음을 단번에 사로잡았다. 반면에 신랄한 말로 연설을 방해했던 그의 동료는 수치심과 당혹감에 얼굴이 벌겋게 달아올랐다.

다른 사람이 내게 가시 돋친 말을 할 때 '눈에는 눈, 이에는 이'라는 식으로 맞대응하기보단 입을 다무는 편이 훨씬 현명한 경우가 많다. 모욕을 당하고도 잠자코 있는 것은 '다른 쪽 뺨도 내밀어 주는' 예수의 가르침과도 꽤 흡사하다. 긴 안목으로 볼 때 자신이 하려는 말을 신중히 검토하고, 말하지 않는 게 더 낫다고 결정한다면, 우리는 더 성공적인 삶을 살게 될 것이다.

13 술을 마실 때는 두 배로 긴장하고 말하라

나는 내가 하는 말을 통제할 수 있다. 심지어 술을 몇 잔 걸치더라도 그렇게 할 수 있다.

"술 속에 진실이 있다"는 말이 있다. 그러니 술을 조심해라. 수백 년 동안 '취중진담'이란 말은 절대 진리라는 사실이 입증되어 왔다. 술이 몇 잔 들어가면, 사람들은 어김없이 비밀을 털어놓고 자신의 인생사를 늘어놓는다. 하지만 술에 취해 하는 말은 웬만해선 믿기 어렵다. 어떤 이유인지, 사람들은 술을 마시면 가장 은밀한 생각을 털어놓는다. 대다수 사람들은 '심리적 억제'가 낮아지기 때문이라고 생각한다. 억눌린 감정이 풀려나는 것이다.

　술을 마실 때에는 경각심을 두 배로 높여라. 그렇지 않으면 술 마신 다음 날 아침에 숙취로 신음하면서, 전날 자신이 떠들어 댄 많은 말에 경악할 수 있다. 설교 같겠지만, 굳이 이렇게 조언하고 싶다.

　"몸과 정신을 완전히 통제하려면 주량을 제한해라."

14　자신에 대해 절대 털어놓지 마라
나는 항상 모든 것을 털어놓아야 속이 후련해지고 기분이 나아지는 것 같다.

무슨 일이 있어도 털어놓지 마라. 군대를 다녀온 사람들은

"신중할 줄 아는 것이 진정한 용기이다"라는 말을 잘 안다. 이는 다른 사람에게 말하지 않고, 아무도 그것을 밝혀내지 않는 한, 누구나 자신이 하고 싶은 일을 마음껏 할 수 있다는 뜻이다. 다시 말해, 매사에 신중하면 사람들은 우리가 좋은 사람이라고 생각할 것이다. 이는 입을 단속하는 데도 중요한 교훈이 된다. 우리가 나쁜 짓을 저질러도, 아무도 그것에 관한 정보를 찾지 못하면, 발각될 염려가 거의 없기 때문이다. 반대로 평소에 아주 용감했던 사람이 작은 실수를 저질렀다고 치자. 그 사실이 공교롭게도 소문이 나버린다면 그는 심각한 곤경에 처한다. 요점은 간단하다. 한번 소문이 나돌면 그로 인해 크게 곤란을 겪을 수 있다. 그러니 절대 소문내지 마라!

15 "저를 믿으세요"라고 말하는 사람을 경계하라

나는 다른 사람을 거의 믿지 않는다.

냉소적이다, 경계심 많다, 신중하다 등 뭐라고 해도 상관없다. 누군가 자신을 믿으라고 말하면 조심해야 한다. 사람들은 자기들에게 비밀을 털어놓게 하려고 무슨 짓이든 한다. "저를 믿으세요. 절대 새나가지 않을 겁니다. 어쩌면 제가 도움이 될 수도 있어요."

이런 말을 수도 없이 들어 봤을 것이다.

내 경험에 따르면 살아 있는 사람 중에 믿을 수 있는 사람은 없다. 옛날에 해적들은 "죽은 자는 말이 없다"고 했다. 맞는 말이다. 살아 있는 사람은 말을 하니까. 그러므로 민감한 정보를 가진 사람은 누구도 믿지 마라. 특히 우리를 구슬려서 정보를 빼내려고 애쓰는 사람들은 절대로 믿어서는 안 된다. 그런 사람들은 대개 우리를 배신할 장본인들이다.

16 자신의 경력을 지키고 싶다면 비밀도 지켜라

> 나는 비밀을 지킬 수 있다. 내가 정보를 누설하게 될까 봐 걱정하지 않는다.

자신의 평판을 소중하게 생각한다면 어떤 일이 있어도 평판을 지켜라. 비밀을 잘 지키는 사람이라는 평판을 얻고 나면, 회사 내에서 믿을 수 있는 사람으로 인식된다. 반면에 정보를 퍼뜨리는 사람, 정보를 잘 흘리는 사람이라는 평판(오명)을 얻으면, 신뢰할 수 없는 사람으로 낙인찍히고 만다. 그렇게 되면 시간이 흐를수록 주류에서 제외되고 무능력한 사람이 될 것이다. 그리고 마침내는 현재 자리에서 머물거나 덜 중요한 자리로 교묘하게 밀려날 것이다.

그때서야 자신의 경력이 막다른 골목에 이르렀으며, 더

이상 중요한 프로젝트에 투입되지 않을 거란 사실을 깨닫게 될 것이다. 어쩌면 당신을 제외시키려는 움직임이 서서히, 알아채기 힘들게 진행될 수 있다. 하지만 그럼에도 불구하고 결국은 현실로 드러날 것이다.

매일같이 비밀을 퍼뜨리고 다닐 필요도 없다. 그저 한두 번 비밀을 누설하면, 비밀을 털어놓을 수 없는 아주 입이 가벼운 사람으로 인식될 것이기 때문이다. 그리고 한 번 그런 평판을 얻고 나면 우리의 경력에 큰 흠집이 생길 것이다.

17 어떤 정보라도 밖으로 흘리지 마라

나는 사내 정보 유출은 심각한 사건이며, 회사에 큰 손실을 입힐 수 있다고 생각한다.

회사의 재무 상태를 주시하라. 정보 유출로 회사가 치러야 할 손실은 실로 엄청날 수 있다. 사실 대부분의 정보 유출은 가벼운 피해를 주는 선에서 끝난다. 어떤 사람은 자기가 무시당했다는 생각에 잠깐 기분이 상할 것이고, 어떤 사람은 당황해서 어쩔 줄 모를 것이다. 반면에 어떤 정보 유출은 회사에 엄청난 손실을 입히며, 심한 경우 완전히 망하게 할 수도 있다.

역사에는 유출된 정보로 인해 광범위한 피해가 발생한

사건들이 가득하다. 1987년 여름, 그 유명한 이란 – 콘트라 Iran – Contra(미 정부가 레바논에 억류되어 있는 미국인 인질을 석방시킬 목적으로 비밀리에 이란에 무기를 판매하고 그 대금의 일부를 니카라과의 콘트라 반군에 지원한 사건— 옮긴이) 청문회에서, 미 의회 위원회는 백악관 참모진(대통령부)을 정보 유출 혐의로 고소했다. '펜실베이니아 애비뉴 1600번지 그룹'이라고 불리는 대통령부는 국민에게 끊임없이 정보를 유출했다는 혐의로 미 의회를 맞고소했다. 청문회에서 양측은 민감한 사안인 정보 보호에 관한 상대방의 해이한 태도를 서로 비난했다. 대통령부에 속하는 국가안보회의NSC가 법질서를 파괴하고 의회의 눈을 속여 가며 비밀첩보 활동을 수행하려 한 혐의로 고소된 주요 이유들 중 하나는 전반적인 불신 때문이었다.

18 비밀을 털어놓고 싶은 충동을 자기수양으로 다스려라

나는 비밀을 털어놓고 싶은 충동을 느낀 적이 거의 없다. 그래서 내가 비밀을 지킬 수 있음을 안다.

아무리 혼자 비밀을 간직하려고 해도 다른 사람들에게 말할 수밖에 없는 때가 찾아오기 마련이다. 상당한 자기수양을 쌓은 사람만이 끝까지 비밀을 지킬 수 있다. 한낱 인간에 불

65
품위 있게 말하기

과한 우리는 마음속에 품은 비밀들을 누군가에게 말해 버리는 경향이 있다.

적당한 시기나 상황만 갖춰지면 된다. 이를테면 술을 몇 잔 마신 뒤 열띤 논쟁을 벌이는 중에, 격한 말다툼 중에, 혹은 호의에 대한 보답으로, 친한 친구에게 마음의 짐을 나누는 방법으로, 우리는 가장 내밀한 비밀들을 털어놓는다. 이유야 어떻든 비밀을 지키는 일은 대단히 어렵다. 나는 이 점을 여러 차례 말할 것이다. 여러분에게 자연의 섭리를 일깨워 주고, 우리가 얼마나 불리한 입장에 있는지 지속적으로 알려 주기 위해서이다. 다시 말하지만, 우리는 자신과 다른 사람에 관한 민감한 정보를 누설하는 성향을 타고났다. 피나는 노력을 기울여야만 그런 성향을 극복할 수 있다.

19 민감한 문제에 대한 질문에는 대답을 피하라

대화할 때 나는 종종 숨은 단서들을 넌지시 말한다. 눈치 빠른 사람이라면 행간을 읽고 진의를 알아차릴 수 있을 것이다.

사람들은 바보가 아니다. 무심결에 한 말은 언뜻 들으면 대수롭지 않은 듯하다. 하지만 그 말들은 듣는 사람이 완전한 이야기를 구성하는 데 필요한 '설명되지 않은 세부 사항'일 수도 있다.

여기 적절한 예가 하나 있다. 미국 최고의 항공우주 시험 센터들 중 한 곳에서, 어떤 항공잡지 기자가 일련의 브리핑에 참석했다. 기자는 몇몇 부서를 돌아보았는데, 각 부서의 책임자가 나와 단독 프레젠테이션을 하고, 해당 부서의 업무와 연구자들의 분야, 지금까지의 업적 등을 설명해 주었다. 그러는 내내 부서장들은 현재 연구 중인 극비 프로젝트에 대해서는 단 한 마디도 언급하지 않았다.

설명이 끝난 뒤, 부서장들은 참석한 기자들의 질문을 받았고, 성심성의껏 답변해 주었다. 이때도 부서장들은 어떠한 기밀정보도 누설하지 않았다(적어도 그들은 그렇게 생각했다). 그런데 이게 웬일인가! 그 잡지의 바로 다음 호에 신형 로켓노즐 개발에 대한 자세한 기사가 실린 것이었다. 당시 신형 노즐의 개념과 이론, 설계도는 일급비밀로 분류되어 있었다. 설상가상으로, 전체 프로젝트는 민간 항공우주 회사의 소유물이었다. 그 기자는 노즐의 모든 기술적인 측면을 상세히 다루었고, 심지어는 노즐 제작에 사용된 자재의 종류까지 다루었다. 잡지가 출간되자, 군 고위간부들은 충격에 휩싸였고, 항공우주 회사의 최고 경영진은 훨씬 더 큰 충격을 받았다. 당사자 모두가 '어떻게 그런 기밀 유출이 일어날 수 있었는가?'라며 경악을 금치 못했다. 사건의 진상을 밝히기 위해, 그들은 유출 원인에 대한 전면적인 조사에 착수했다. 그것은 중대한 보안 사고이자 안보 사고였고, 그 결과 미국이 핵무기고의 일부로 개발 중인 하드웨어(즉, 군사 무기)의 주요 부분이 위태로워졌다. 대단히 심각한 사건이었다.

조사가 끝날 무렵, 경영진에 많은 변화가 단행되었고, 기밀 유출에 책임이 있는 사람들(그리고 책임이 없는 몇몇 사람들까지)은 무거운 징계를 받았다.

이 이야기에서 알 수 있듯이, 정보를 캐내려는 사람은 저도 모르게 정보를 제공하는 사람에게서 이런저런 정보를 얻을 수 있다. 그러한 정보 제공자들은 자신이 무슨 짓을 저지르는지 전혀 눈치채지 못하는 경우가 많다. 완벽하고 상세한 정보를 캐내려는 기자나 일확천금을 노리는 사람, 스파이한테 그들이 원하는 정보를 제공하고 있다는 사실을 꿈에도 알지 못하는 것이다.

그렇다면 무의식적으로 정보를 흘리는 실수를 막으려면 어떻게 해야 할까? 항상 질문의 숨은 의도를 파악하려고 노력해야 한다.

"그가 이런 질문을 하는 이유는 무엇인가? 무엇을 캐내려는 것인가?"

어떤 일의 전말을 밝혀내려면 스무고개 놀이를 할 때처럼 대략 20여 개의 질문을 해야 한다. 따라서 민감한 문제에 접근하는 질문을 받으면 무조건 피하라. 그렇지 않으면 자신도 모르는 사이 정보를 흘릴지도 모른다. 어쩌면 '교체'의 대상이 될 수도 있다.

20 말다툼에 휘말리지 않도록 초기 조짐을 감지하라

나는 평소 말다툼에 휘말리는 법이 없기 때문에, 그 문제에 대해 걱정하지 않는다.

직장생활을 하다보면 간혹 말다툼에 말려들게 된다. 말다툼은 대개 사소한 문제로 시작하지만, 점점 격해져서 추잡한 광경을 연출하는 경향이 있다. 아무리 점잖고 유순한 사람이라도, 아무리 느긋하고 마냥 좋은 사람이라도, 누군가 지분거리며 화를 돋우면 언젠가는 말다툼을 벌이게 되고, 말다툼이 격해지면 발길질을 하며 고래고래 소리를 지르고 싶은 기분이 든다.

그런 상황에 처하면 우리는 쉽게 자제력을 잃는다. 정상적인 사람이라면 아무 말이나 지껄이게 되는데, 그렇게 한번 물꼬가 터지고 나면 온갖 욕설과 악담이 술술 흘러나올 것이다.

그럴 때, 우리가 입을 관리할 수 있는 유일한 방법은 처음부터 그런 상황에 휘말리지 않는 것이다. 그러려면 초기 조짐이 보일 때, 재빨리 알아차려야 한다. 몇 가지 초기 조짐을 나열해 놓았으니 참고하라.

- 논의가 주제를 벗어나기 시작하고, 주제와 관련 없는 화제가 등장한다.
- 논의가 목적을 이탈하여 개인적 차원으로 변질된다.
- 인신공격이 난무하고, 욕과 험담을 늘어놓는다.
- 말투가 험악해지고, 언성이 높아지며, 말이 빨라진다.
- 단어와 말이 거칠고 신랄해진다.
- 발끈 화를 내서 당장이라도 주먹이 오갈 것 같다. 더 이상 말로는 해결할 수 없고, 서로 치고받아야 해결이 날 것 같다.

자, 여러분이라면 이 상황을 어떻게 해결하겠는가? 여러분은 먼저 양보하고, 한 걸음 물러서야 한다. 서로 잘났다고 끝까지 우겨대는 건 바보들이나 하는 짓이다. 우리는 무슨 수를 써서라도 말다툼이 커지는 것을 막아야 한다. 초기 징후를 일찍 발견할수록 더 쉽게 막을 수 있다.

말다툼이 커져서 누군가 망신을 당하는 지경에 이르러서는 안 된다. 결투의 시대는 끝난 지 오래다. 남자다움을 내세우는 시대도 갔다. 비즈니스 세계에서 결투니 사내다움이니 하는 터무니없는 허세는 발붙일 자리가 없어졌다.

자신의 경력이 소중하고 걱정된다면, 한 걸음 물러서서 정중하고 재치 있게 말다툼을 해결해야 한다. 상대방에게 "밖으로 나오라(즉, 나가서 싸우자)"고 말하라는 게 아니다. "당신이 계속 그런 말투로 말한다면, 더 이상 대화할 수 없습니다"와 같은 취지의 말을 하라는 것이다. 상대가 계속해서 화를 돋운다면 그냥 무시해 버려라.

다른 두 사람이 언쟁을 벌일 때에도 마찬가지다. 우리는 언쟁이 격해지지 않도록 초장에 손을 써야 한다. 유능한 관리자라면 논의가 다시 제대로 진행되도록 중재에 나서야 한다. 필요하다면 참석자들이 화를 가라앉힐 때까지 회의를 잠시 멈추거나 다음으로 연기해야 한다.

여기서 명심해야 할 가장 중요한 교훈이 있다. 격한 말다툼을 하고 오랜 시간이 흐르면, 무슨 일로 싸웠는지 기억하는 사람은 거의 없다. 하지만 그때 했던 말과 행동은 사람들의 머릿속에 박혀 지워지지 않는다. 말다툼이 벌어졌다는 소문은 입에서 입으로 전해져, 삽시간에 회사 전체로 퍼질 것이다. 그러는 동안 여기저기 살이 붙고 재미있게 꾸며지는 것은 당연하다. 최악의 경우 회사 연보(?)에 '흥미로운 전투'쯤으로 실릴 수도 있다.

여하튼 그 사건은 향후 수십 년 동안 사람들의 입에 오르내릴 것이다. 싸움 당사자들은 자신이 이성을 잃고 내뱉은 말과 행동 때문에 평판이 추락할 것이고, 경력에도 큰 타격을 입을 것이다.

21 말을 절제하는 기술을 연습하라

나에게 말을 절제하는 일은 그야말로 누워서 떡 먹기다.

자기 절제를 실천하기란 대부분의 사람들에게 그리 쉬운 일이 아니다. 너무 많이 떠들어대는 게 더 쉽고 자연스럽다. 말을 절제하는 것은 어쩐지 부자연스럽고 거북살스럽다. 말을 절제하는 게 아니라 억지로 입을 다물고 있는 경우가 많다. 효과적인 입단속 기술을 터득하려면 부단한 연습이 필요하다. 이는 다른 어떤 기술을 습득하건 마찬가지다.

하지만 다른 기술과 달리 효과적인 입단속 기술은 우리의 성공과 실패를 좌우하는 최고의 기술이다. 자신의 학력과 경험, 성격은 잊어버려라. 말을 하기 전까진 아무 일도 일어나지 않는다. 모든 것이 우리의 입에서 나오는 말에 달려 있다. 우리가 인생에서 바라는 모든 것이 우리가 무슨 말을 어떻게 하느냐에 달려 있는 것이다. 그 사실을 잊고 말을 절제하지 못하면, 십중팔구 실패의 쓴잔을 마시게 될 것이다.

반대로 말을 효과적으로 절제하면 우리는 자신의 성격과 인격, 학력과 경험이라는 씨실과 날실을 촘촘히 엮어 줄 천을 찌게 될 것이다. 여러분의 사장은 다른 사람들보다 똑똑한가? 십중팔구 "아니오"라고 대답할 것이다.

그렇다면 여러분의 사장은 얼마나 효과적으로 입을 단속하는가? 아마도 사장은 입단속 부분에서 아주 높은 평가를 받는 사람일 것이다.

22 입을 단속하려면 자신을 통제하는 법을 깨달아라
나는 대화를 비롯한 대부분의 상황에서 꽤 훌륭하게 처신한다고 생각한다.

말에 있어서 스스로를 잘 '통제한다'는 것은 의사소통을 잘하고, 정보를 효과적으로 처리하며, 말하는 양을 적절히 조절하고, 때와 장소를 가려서 말한다는 것이다. 요컨대 어떤 사람의 현재 위치나 상태를 보면 그 사람이 자신을 얼마나 잘 통제하는지 알 수 있다. 최고의 자리에 있는 사람들을 보라! 그들이 그 자리에 오를 수 있었던 것은 모든 상황에서 자신을 통제하는 법을 알고 있었기 때문이다.

입을 단속하는 기술은 어떠한 기술보다 터득하기 어렵다. 잠재적인 위험들, 이를테면 감정, 경험, 자만심, 기대, 박식한 척, 허세, 권세, 지위, 그리고 자아상 같은 것들을 극복해야만 하기 때문이다. 먼저 우리는 다른 사람의 말에 반응할 때, 감정 때문에 함정에 빠질 수 있다. 우리는 상대방의 말을 반박하고 자기 입장을 옹호하고 싶어 한다. 또한 상대방이 틀렸음을 폭로하거나 낱낱이 밝히고 싶어서 큰소리치기도 한다.

"헛소리 집어치워! 완전히 착각하나 본데, 당신 코를 납작하게 해주겠어! 내가 누구인지 똑똑히 보라고!"

경험이 우리를 함정에 빠트리기도 한다. 우리는 경험에 비추어 다른 사람들에게 일을 완전히 잘못하고 있다고 말하는 것이다. 그 일을 그들과 같은 방식으로 하려다가 실패한 경험이 있어서다. 그래서 무엇을 어떻게 해야 좋은지 말해주려 한다. 일일이 간섭하고 조언한다. 그들은 우리의 건방진 말투에 불쾌해하며 화를 낸다.

허세도 문제다. 우리는 "앞질러, 뒤쫓아, 피해!" 하고 외쳐댄다. 또는 "저를 투입해 주세요, 코치님. 잘할 수 있어요!" 라고 졸라댄다. 하지만 동료들은 그 말이 정말인지 아닌지 확신하지 못한다.

이따금 우리는 박식한 척을 한다. 자신의 지식을 과시하고 어떤 방면의 전문가인 것처럼 행세한다. 만사에 자신의 의견을 말해야 직성이 풀린다. 우리의 자만심을 억누르는 것은 여간 어려운 일이 아니다. 우리는 동료들에게 자신의 능력과 재능을 뽐내고 싶어 한다. 그리고 "그런 천재적인 수

완을 발휘한 장본인이 바로 나라는 걸 첫눈에 알아봤지?"라고 우쭐대고 싶은 욕구를 억누르지 못한다. 우리의 자존심도 통제 불능이긴 마찬가지다. 우리는 친구들에게 이렇게 말한다.

"네가 알고 싶지 않더라도 말할게. 어쨌든 나는 나고, 너는 내 말을 들어야 하니까."

23 화가 가라앉기 전에 입을 열지 마라

나는 머리끝까지 화가 날 때에도 감정적으로 대응하지 않는다. 나는 자신을 잘 다스려서 나중에 후회할 짓은 하지 않는다.

화를 돋우거나, 짜증나게 하거나, 비판을 하게끔 상황을 몰아가면 감정적으로 대응하는 게 인간의 본성이다. 그런데 감정적으로 반응하는 것이야말로 상대가 바라는 바다. 우리는 자신의 의견을 거침없이 말할 수 있는 완벽한 기회가 주어졌음을(혹은 상황이 조성되었음을) 알아챈다. 하지만 말을 내뱉기 전에 자신이 하려는 말을 곰곰이 생각해 봐야 한다. 꾹 참고 열을 세라. 긴장의 끈을 조이고 억눌러라. 그것을 뭐라고 부르건 간에, 발끈 화를 내며 아무 말이나 지껄이는 우를 범하지 마라. 감정적인 대응을 잠시 접어 두면 십중팔구 다른 대응을 할 수 있다. '성급하고 충동적인 반응'이 아니라 좀 더 신중하고 사려 깊은 반응, 책임감 있고 침착하며 차분한 반응을 하게 된다.

벌써 눈치챘겠지만 사람들은 이 기술을 다양한 명칭으로 불러 왔다. 오랜 세월 동안 수많은 사람이 다양한 별칭을 붙여 온 것은, 그만큼 이 기술의 효과가 탁월하기 때문이리라. 하지만 뭐라고 부르건 간에 원칙은 하나다.

"흥분이 가라앉을 때까지 입을 열지 마라." 이것을 다른 용어로는 '억누르기internalizing', '긴장의 끈 조이기tension binding'라고 부른다. 구체적으로 말하면, 외부자극은 사람들에게 영향을 미친다. 그럴 때 긴장을 늦추지 말고, 치솟는 감정을 억누르면, 자기 파괴적인 대응을 막을 수 있다. 즉, 자신의 성품과 평판과 경력을 망가뜨리는 대응을 하지 않을 수 있다.

누군가 우리에게 이렇게 말한다고 치자. "젠장, 잠자코 앉아 있지만 말고 뭐라고 말 좀 해. 이 토론에 참여하지 않을 거야? 아니면 계속 멍청하게 앉아 있을 작정이야?" 이때 덥석 미끼를 물면(즉, 도발에 넘어가면) 우리는 그야말로 부적절한 때에 부적절한 말을 하게 된다. 그보단 미끼를 버리고 (즉, 발끈하지 않고), 침착함을 유지하면서, 현명한 대응 방법을 모색하는 편이 더 낫다. 그리고 대응할 때에는 논의 중인 주요쟁점과 관련된 말만 해야 한다. 다른 사람의 도발에 절대로 넘어가지 마라.

또 다른 예를 들어 보자. 회의 중에 팀원들이 제품 가격을 결정하려고 논의하고 있다. 최근 회사의 총판매수익은 증가세에 있지만 단위 판매량은 줄어들고 있었다. 지난 두 분기 동안, 총판매수익이 증가한 것은 순전히 가격 인상 덕분이었다. 그런데 최근에 시장에서 가격저항이 일어나기 시작했다. 영업부는 소비자들이 제품 가격이 너무 비싸다고 느낀다며 우려했다.

경쟁사도 그 부분을 집중공략하면서 즉, 가격 경쟁을 벌이면서 회사의 매출을 빼앗아 가고 있었다. 국내 판매를 담당하는 영업부장이 이 문제의 해결책으로 '대량구매 할인'을 제안했다.

대량구매 할인 방안을 놓고 열띤 찬반논쟁이 벌어졌지만 당신은 잠자코 듣기만 했다. 당신은 그때까지 한마디도 하지 않았다. 그 문제는 당신의 영향권을 완전히 벗어난 문제이기 때문이었다. 하지만 영업부장은 그 제안에서 더 이상 진전하지 못하고 있었고, 가격 결정을 담당하는 재무부장은 종전처럼 통일된 가격정책을 유지하자고 강력하게 주장하고 있었다. 그래야만 판매수익이 사상 최고치가 되기 때문이다.

크게 낙담한 영업부장은 당신에게 시선을 돌린다. 잠시

다른 사람에게 주의를 돌리게 해서 열을 식히려는 심산이었다. 주의를 전환시켜 영업부장은 평정을 되찾고, 가격인하 방안을 통과시키기 위한 새로운 전략을 구상할 시간을 벌수 있을 터였다. 영업부장은 당신을 쳐다보며 이렇게 말한다. "팀원들의 의견을 들어볼까요? 그들이라면 해답을 알고 있을 겁니다. 우리가 벽에 부딪칠 때면 항상 짠 하고 해결책을 내놓았으니까요." 영업부장은 당신을 곤란하게 만들었다. 이제 모든 직원의 시선이 당신에게 쏠리게 되었다.

하지만 당신은 영업부장의 괘씸한 행동에 화가 난 기색을 눈곱만큼도 비치지 말아야 한다. 이때 당신을 곤란에 빠뜨리고, 배려하지 않은 것에 대해 일언반구도 하지 말고, 곧장 쟁점의 세부사항을 다뤄야 한다. 인신공격을 퍼붓거나 불필요한 대립을 하지 말고, 한쪽을 비난함으로써 다른 한쪽 편만 드는 일도 하지 말아야 한다.

당신은 회의의 리더(이 경우는 사장)에게 직접 자신의 의견을 말해야 한다. "사장님, 저는 우리가 지난 몇 년간 수립해 온 가격결정 정책이 적절했다고 확신합니다. 그렇게 생각한 데에는 세 가지 이유가 있는데, 그것은⋯⋯" 이런 식으로 말이다. 결국 승리하는 자는 당신이 될 것이다. 그러면 게임 끝이다!

24 "그땐 그게 좋은 생각이었어"라며 슬쩍 넘기지 마라

나는 내가 느끼는 감정들을 깊이 이해하기 때문에, 내가 어떤 말을 할 때 그 이유를 잘 알고 있다.

자신에게 정직하라. 나만큼 나 자신에게 정직할 사람은 없다. 스스로에게 질문을 던져 보라. 무엇이 나에게 동기를 불러일으키는가? 사람들은 어떤 말을 생각 없이 뱉어 놓고는 그 말을 왜 했는지 모르겠다며 고개를 갸우뚱한다. 나도 내가 한 말을 물리고 싶었던 적이 한두 번이 아니다. 하지만 어쩌겠는가, 이미 엎질러진 물인데. 한번 뱉은 말은 다시는 주워 담을 수 없다. 돌이켜 생각해 보면, 매번 나는 "애당초 내가 그런 말을 왜 했을까?" 하고 스스로에게 물었다. "그때는 그게 꽤나 좋은 생각 같았어" 하고 두루뭉술하게 넘어간다면 앞으로도 전혀 달라지지 않는다.

먼저 우리는 누구도 말과 행동을 항상 완벽하게 통제할 수 없으며, '감정'이 어떠한 말과 행동을 일으키는 강력한 원인임을 깨달아야 한다. 자극에 반응해서 말을 툭툭 내뱉는 것은 어찌할 수 없는 인간의 특성이다. 그러한 성향은 쉽게 이해할 수도 쉽게 절제할 수도 없다.

25 적절할 때 말하고 적절할 때 침묵하라

나는 말할 때와 침묵할 때를 구분할 줄 안다.

말해야 할 때와 침묵해야 할 때를 아는 사람은 경쟁자보다 유리하다. 다양한 분야를 넘나들며 자신의 생각과 의견을 말하는 것, 동료들 앞에서 박식한 척하며 으스대는 것, 따끈따끈한 최신 정보를 많이 안다고 자랑하는 것. 이 얼마나 근사한가. 모두 한 번쯤 해보고 싶고 생각만으로도 절로 미소가 지어지는 일이다. 하지만 정말로 경험이 풍부하고 박식한 관리자는 모든 것에는 때와 장소가 있으며, 혀를 잘 놀리는 것이 무엇보다 중요하다는 사실을 잘 알고 있다.

자신의 지식을 과시하고 자랑을 일삼으면 '아는 체하는 인간'으로 낙인찍힐 수 있다. 현재 진행 중인 모든 일에 관여하면 '참견쟁이' 혹은 '오지랖 넓은 인간'으로 손가락질받을 수 있다. 요컨대 우리는 혀를 잘 놀려야 하며, 침묵해야 할 때 입을 열면 생길 수 있는 파장을 항상 염두에 두어야 한다.

"나이가 들면 지혜로워진다"는 격언은 말에 관련된 여러 기술에 적용할 수 있다. 입을 단속하는 기술들 가운데 후천적으로 얻을 수 있는 것이 바로 지혜이다. 대화할 때 필요한 높은 민감성은 배우고 계발할 수 있는 기술이지만 시간이 걸린다. 그것은 시행착오를 거치면서, 무작정 부딪쳐 보면서, 혹은 의식적인 노력을 통해 배울 수 있다. 살다 보면 저절로 알게 되겠지 하고 생각하면 기술을 습득하는 데 평생이 걸릴 수도 있다. 하지만 약간의 시간과 노력을 투자하면, 우리는 상당한 이익을 얻을 수 있다. 여러분이 이 책을 읽고 있다는 사실은 여러분이 입을 단속하는 것에 대한 인식과 이해를 높이는 데 흥미와 열의가 있다는 것을 보여 준다. 우리가 일상에서 그 개념들을 적용하기 시작하면, 큰 보상이 뒤따를 것이다.

26 질문을 받으면 곧장 대답하지 말고 되물어라

나는 민감한 정보를 혼자 알고 있기가 굉장히 힘들다. 비밀스러운 사람이 아니기 때문이다.

정직한 사람이 남에게 들키지 않고 비밀스럽게 행동하기는 굉장히 어렵다. 그들이 무언가 숨기려고 하면 십중팔구 들통나 버린다. 평소답지 않은 어색한 행동 때문에 비밀이 있다는 게 탄로 나 버리는 것이다. 여하튼 누군가 그 사실을 눈치채면 무슨 수를 써서라도 비밀을 캐내려 한다.

믿을지 모르겠지만 다른 사람에게서 비밀을 캐내기 위해 수년간 다듬어진 기술이 있다. 연구에 따르면, 개방형 open-ended 질문을 던진 다음 잠시 말을 멈추면 제아무리 비밀스러운 사람이라도 마음을 열고 비밀을 털어놓는다고 한다.

먼저 그 기술의 전반부를 적용하는 방법, 즉 개방형 질문을 던지는 방법을 살펴보자. 질문의 유형에는 직접적인 질문과 간접적인 질문 두 가지가 있다. 직접적인 질문은 단순히 "예/아니오"로 대답할 수 있는 질문이다. 이를테면 "비가 올 것 같습니까?" 같은 질문이 여기에 해당된다. 간접적인 질문은 개방형 질문이라고도 하는데, 좀 더 구체적이고 완전한 대답을 요구한다. 가령 "오늘 날씨는 어떨 것 같습니까?"와 같은 질문이 그렇다.

직접적인 질문은 몇 마디 말로도 충분한 대답이 될 수 있지만 개방형 질문은 그렇지 않다. 상대가 흡족해할 만한 대답을 하려면 좀 더 구체적으로 말해야 하기 때문이다. 개방형 질문은 응답자에게 충분한 여지와 시간을 줘서 마음을 열고 자세하게 대답하도록 하기 위해 만들어졌다.

다음으로, 기술의 후반부, 즉 잠시 말을 멈추는 것에 관해 살펴보자. 개방형 질문을 던진 다음에는 반드시 잠시 말을 멈추고 시간을 주어야 한다. 이는 응답자에게 충분히 생각할 시간을 제공하기 위한 것이다. 개방형 질문을 한 다음 시간을 주지 않으면, 질문자는 원하는 효과를 얻지 못할 것이다. 이 기술에 능숙한 질문자는 친밀한 태도로 응답자와 신뢰관계를 형성한 다음 개방형 질문을 던진다. 그리고 응답자가 대답을 생각하도록 말을 멈춘다. 이 시간은 지루할 수도 있지만 노련한 질문자라면 응답자가 입을 열 때까지 묵묵히 기다린다.

이 기술을 알고 있으면 개방형 질문을 받을 때, 교묘히 빠져나갈 수 있다. 그 방법은 다음과 같다. 개방형 질문을 받으면, 곧장 대답하지 말고 명확한 질문을 요구해라. 이를테면, "그게 무슨 말인가요?" "정확히 무엇을 알고 싶은 거죠?" 또는 "좀 더 구체적으로 질문해 주시겠어요?"라고 되묻는 것이다. 질문자가 어쩔 수 없이 직접적인 질문을 하도록 유도한 다음, "예/아니오" 혹은 "그런 것 같습니다"라고 대답해라. 그렇게 하면 응답자는 질문자에게 어떠한 정보도 제공하지 않을 수 있다. 질문자가 얻을 수 있는 최상의 대답은 기껏해야 "예"일 것이다. 응답자는 "글쎄요"나 "아니오"라고 대답함으로써 자신의 비밀을 지킬 수 있다.

27 욕을 해야 할 이유는 어디에도 없다

내가 욕설을 내뱉는 경우는 거의 없다. 욕을 하는 행동은 직장생활이나 사회생활을 하는 데 부적절하기 때문이다.

남자들에겐 두 가지 행동 규범이 있다. 여자들이 함께 있을 때 적용하는 것과 남자끼리 있을 때 적용하는 것, 이렇게 두 가지다. 대개 남자들은 여자 앞에서 욕을 하면 불편함을 느낀다. 직장 여성의 수가 늘어나면서 욕은 남녀 모두에게 짜증의 원인이 되고 있다. 남자들은 욕이 튀어나오지 않도록 항상 조심해야 하고, 단어도 신중하게 선택해야 한다는 사실에 짜증스러워한다. 반면에 여자들은 남자들이 "여자는 욕에 민감하다"는 편견을 갖고 자신들을 차별대우한다며 불쾌해한다.

모든 언어에는 욕이 있으며, 한 번쯤 욕을 해보지 않은 사람은 없을 것이다. 우리는 남녀가 섞여 있는 상황과 한쪽 성만 있는 상황 모두에서 적어도 한 번쯤은 욕을 해보았다. 과거에는 욕이 남자들만의 전유물로 여겨졌다. TV와 라디오 같은 공중파 방송에서 육두문자를 쓰는 건 금기시됐다. 하지만 서서히 규제가 풀리면서 오늘날에는 영화와 라디오, 심지어 TV에서도 심심찮게 욕을 들을 수 있다. 이제 욕은 일상어의 일부가 되었다.

이렇듯 욕이 빈번하게 사용되는데도 누군가 욕을 하면, 사람들은 그를 낮게 평가하는 경향이 있다. 듣는 사람은 욕을 사용한 사람이 천박한 사람, 시쳇말로 '밑바닥 인생(하류 인생)'이라는 인상을 갖는다.

욕설은 대강 세 단계로 구분할 수 있다. 욕이긴 하지만 무의미한 말(즉, 감탄사로 사용되는 수준), 사회적으로 용납되지 않는 말, 부도덕한 말이 그것이다. 욕이긴 하지만 무의미한 말에는 "제기랄", "빌어먹을" 따위가 있다. 이는 모든 대화에 거의 빠지지 않고 등장하는 말로, 대다수 사람들은 그 말을 불쾌하게 여기지 않는다. 또 남녀가 섞여 있는 상황에서 남자와 여자 모두 별다른 거부감 없이 사용한다.

사회적으로 용인되지 않는 말은 기본적으로 화장실이나 성행위를 언급하는 말들이다. 우리 사회에는 특정 단어들에 대한 몇 가지 기본원칙이 정해져 있다. 그 단어들은 무조건 대중적으로 사용할 수 없다.

비도덕적인 말은 주로 교회가 정한 규칙을 위반하는 말들로 이루어져 있다. 이를테면 성경에 쓰인 율법을 어기는 말, 신의 이름을 함부로 부르는 것이 여기에 해당된다. 비도덕적인 말은 대개 남녀 모두에게 불쾌감을 안겨 준다.

오늘날에는 욕을 하는 행위에는 또 다른 측면이 있다. 바로 성희롱 문제다. 가령 어떤 남자가 남녀가 섞여 있는 모임에서 욕을 지껄이고는, 그중 한 여자에게 "이런, 욕을 해서 미안합니다"라고 사과한다고 치자. 여기서 두 가지 고려해야 할 점이 있다.

첫째, 남자는 그렇게 말함으로써 모임에 있는 여자들에게 경의를 표했다고 생각한다. 한 술 더 떠서 자기가 몸에 밴 예의와 여자에 대한 배려를 보여 주고 있다고 믿는다.

둘째, 여자는 그 남자가 자신을 차별대우한다고 느낄 수 있다. 여자는 특별 배려 대상으로 지목되었고, 그로 인해 곤란한 상황에 놓였다. 남자의 사과를 받아들인다는 뜻을 어떻게든 알려야 하니까. 살짝 고개를 끄덕이는 등 괜찮다는 의미의 제스처를 해야 할 수도 있다. 그런데 괜찮지 않다면 어쩔 것인가? 사실은 무지 불쾌하다면?

어떻게 하면 욕을 사용하지 않을 수 있을까?

여기 남녀를 불문하고 누구나 사용할 수 있는 해결책이 있다. 욕이 자신의 의사소통 방식에 어떤 영향을 미치는지 곰곰이 따져 보라. 욕은 어떤 상황에서도 정당화될 수 없다. 누구에게도 긍정적인 영향을 주지 않기 때문이다. 아니, 긍정적인 영향은커녕 우리의 이미지에 부정적인 영향을 미치고, 직장에서 우리의 이미지와 경력을 손상시킬 수 있다. 뿐만 아니라 다른 사람에게 모욕감을 주거나 기분을 상하게 할 수도 있다.

욕을 해야 할 이유는 어디에도 없다. 사전을 펼쳐 보라. 욕 대신 사용할 수 있는 단어들이 무진장 많지 않은가. 스스로 격을 낮춰서 자신의 평판을 위태롭게 할 필요는 없다. 자신의 의견을 피력하기 위해 욕에 기댈 필요도 없다. 언어를 순화해서 자신의 이미지를 지켜라. 욕 대신 쓸 수 있는 단어를 몇 개 준비해 두는 것도 좋은 방법이다. 그러면 자신의 의견을 효과적으로 피력할 수 있다. 이성과 함께 있을 때 욕을 사용함으로써 무릎쓰게 될 위험도 최소화할 수 있고, 직장에서의 이미지도 더 좋아질 것이다. 전체적으로 다른 사람들을 더 효과적으로 대할 수 있게 될 것이다.

28 머릿속의 정보를 먼저 검토한 뒤에 상대의 말을 들어라

나는 남의 말을 열심히 듣긴 하지만 그중 대부분을 기억하지 못한다.

듣기는 중요한 기술이다. 어떤 이들은 들리는 소리만 듣는 반면, 어떤 이들은 그 가운데 특정한 소리에 주목하여 듣는다. 둘 사이에는 커다란 차이가 있다. '히어링hearing'을 "한 귀로 듣고 한 귀로 흘린다"는 속담으로 설명할 수 있다면, '리스닝listening'은 "주의를 집중하여 듣고, 정보를 처리하고, 이해하는 것"이라 할 수 있다. 상대의 말을 한마디도 놓치지 않고 듣는다고 해도, 그 의미를 명확히 이해하지 못하면, 어떠한 가치도 끌어낼 수 없다. 이에 반해, 주의를 집중해 듣고 그 말의 의미를 명확하게 이해하면, 말에 담긴 가치를 최대한 끌어낼 수 있다.

연구에 따르면, 다음과 같은 상황에서 듣는 사람의 이해 능력이 향상된다고 한다.

- 듣는 사람이 말하는 사람에게 주의를 집중할 때
- 비언어적 단서들(즉, 몸짓언어)을 활용하여 말을 보강할 때
- 말하는 사람이 삼천포로 빠지지 않고, 주제에 집중할 때
- 듣는 사람이 질문을 던지거나, 고개를 움직여 찬성 혹은 반대
  를 표현함으로써 말하는 사람과 서로 상호작용할 때
- 듣는 사람이 섣부른 판단이나 비판을 미루고 귀담아 들을 때
- 요점과 세부요점이 명확할 때

이렇게 위의 요소가 모두 충족될 때, '듣기'와 '듣고 이해하기' 사이에 큰 차이가 생긴다. 이들 요소를 완벽하게 이해하면, 듣는 사람은 자신이 들어야 하는 정보뿐 아니라 이해해야 하는 정보까지 통제할 수 있다. 그리고 그렇게 함으로써, 나중에 기억해 내야 하는 정보에도 영향을 받는다.

잘 듣는 사람은 자기가 들은 정보의 대부분을 기억한다. 반면 듣는 데 서툰 사람은 그렇지 못하다. 그 이유를 이해하면 말할 때 유용한 전략으로 사용할 수 있다. 지금부터 두 가지 능력이 어떻게 서로 연결되는지 살펴보자.

먼저, 잘 듣는 사람은 상대방의 말을 듣고 이해할 준비를 한다. 논의 주제에 관해 자신이 알고 있는 정보를 머릿속으로 먼저 검토해 보는 것이다. 가령 관련자들, 사업 내용과 현재까지 진척 사항, 회사의 향후 계획, 사업 비용, 자재 등에

관해 자신이 알고 있는 정보를 검토해 보는 것이다. 이렇게 상대방이 말할 내용을 예상해 본 뒤 들으면 자신의 기존 지식과 비교할 수 있다. 자신이 이미 알고 있는 것과 상대방이 말하는 내용의 유사점이나 차이점을 찾을 수 있는 것이다. 그리고 유사점과 차이점들뿐만 아니라 각각의 장단점에도 주의를 집중하게 된다.

우리가 말을 하는 입장이 되면 의도적으로 정보의 요점을 흐리고 얼버무려서 듣는 사람이 얻을 정보를 통제할 수 있다. 그리고 상세한 설명을 자제하고 구체적인 예를 적게 들면 어떻게 될까? 우리가 전달하는 정보에 대한 듣는 사람의 이해력과 기억력을 크게 떨어뜨릴 수 있다.

우리의 말을 상대방에게 이해시킬 책임은 말하고 있는 우리에게 있다. 하지만 우리는 그 책임을 자신에게 유용하게 사용할 기회 또한 갖고 있다. 우리는 제공하는 정보의 양을 제한할 수 있다. 정보의 양을 적절하게 조정하면, 듣는 사람은 우리가 논의 주제에 대해 솔직하고 구체적으로 이야기하고 있다는 착각에 빠진다.

미국의 아이젠하워는 임기 동안 국민의 사랑을 받은 인기 있는 대통령이었다. 그는 순서가 뒤죽박죽이고 문법에도 어긋나는 문장을 구사하기로 유명했다. 때문에 많은 사람들이 그의 말을 정확하게 이해하지 못했다.

하지만 그런 화법 덕분에 아이젠하워는 여러 가지 곤란한 주제를 슬쩍 피해갈 수 있었다. 아이젠하워가 의도적으로 그런 화법을 구사한 것인지 아닌지는 역사학자들이 고민할 문제다. 어쨌든 순서가 뒤얽힌 문장 덕택에 아이젠하워는 자신을 비방하는 사람들의 화를 돋우지 않고도 논쟁의 소지가 큰 주제들을 다룰 수 있었다(이는 그들이 아이젠하워의 말을 제대로 이해하지 못했기 때문일 공산이 크다!).

아이젠하워는 자신의 생각과 계획을 통제하는 데 능했다. 그래서 적기라고 판단하는 시점이 되기 전까진 자신의 속셈과 계획을 온전히 드러내지 않았다. 하지만 적절한 시점이 오면, 그의 '뒤얽힌 문장'은 온데간데없이 사라졌다. 그는 크고 분명하게 자신의 생각과 계획을 선언했다.

다음으로, 잘 듣는 사람은 들은 말을 머릿속으로 요약해서, 요점과 요점을 뒷받침하는 보조요점을 파악하는 능력을 갖추어야 한다. 그렇게 하면 자신이 들은 정보의 더 많은 부분을 기억할 수 있게 된다.

예를 들어, 제품라인에 가격 인상이 있을 거라는 사실에 관해서 동료와 이야기하고 있다고 치자. 그 사실을 동료가 명확히 이해하고 기억하기를 바란다면 다음과 같이 말할 수 있다.

"우리 회사는 9월 1일에 가격 인상을 단행할 거야. 가격

인상과 함께 전체 회의가 있을 거고, 새로운 가격표가 배부될 거야. 그리고 시행일 2주 전에 새 가격표에 관한 직원 교육이 시작될 거야."

이 말의 요점은 '9월 1일, 가격 인상'이 될 것이고, 보조요점은 '회사 차원의 전체 회의'와 '직원 교육'이 될 것이다. 듣는 능력이 뛰어난 사람이라면 요점과 보조요점을 정확히 파악해서 기억해 둘 것이다.

반대로 듣는 사람이 정보를 기억하지 못하게 하고 싶다면 어떻게 말해야 할까? 요점을 덜 중요해 보이도록 축소하고, 보조요점을 말하지 않으면 된다. 이를테면 "가격 인상이 있을지 없을지 모르겠어"라고 막연하게 말하고, 더 이상의 정보는 언급하지 않으면 된다.

듣는 사람을 방해하는 마지막 방법은 장애물을 놓는 것이다. 주의를 흩뜨릴 수 있는 경치나 소음 같은 환경적 요인도 장애물이 될 수 있다. 듣는 사람을 자극할 만한 개인적인 의견을 말하는 것도 한 방법이 될 수 있다. 듣는 사람이 극도로 흥분하게 되면, 전체적인 메시지를 이해하지 못할 테니까. 틀린 문법이나 속어를 사용하는 것도 좋은 방법이다. 그러면 듣는 사람은 문장 구조에 신경 쓰느라 말의 내용과 의미에 집중하지 못할 것이다.

또한 아무리 잘 듣는 사람이라도 선택적으로 듣는다는 사실을 알아야 한다. 사람들은 자기가 듣고 싶은 것만 듣고, 나머지는 무시해 버리는 경향이 있다. 사람들은 대개 길고 고된 하루를 보낸 저녁 시간보다 아침에 더 효과적으로 듣는다. 따라서 상대방이 이해하지 못하기를 바라는 주제를 논의해야 한다면, 그가 정보 과부하에 시달리고 있거나 논의 주제에 온전히 집중하지 못할 때 이야기하는 것이 가장 좋다. 점심을 먹은 직후(식곤증이 밀려올 때)나 무지 시끄러운 장소를 택하면 아주 탁월한 선택이 될 것이다.

29 침묵할 수 없다면 상대방의 이해력을 떨어뜨려라
대화할 때 나는 침묵을 매우 효과적으로 사용한다.

침묵이 항상 금인 것은 아니다. 도대체 왜 상대방이 우리의 말을 이해하지 못하게 방해해야 할까? 정 그러고 싶다면, 입을 다물고 아예 그 주제에 대해 이야기하지 않는 게 더 쉽지 않을까? 맞는 말이다. 경우에 따라서는 침묵이 최선의 방책일 때도 있다.

하지만 대부분의 경우, 우리는 의견을 말해야 하는 상황에 놓이게 되고, 그런 상황에서 입을 다물고 있을 수만은 없다. 그리고 기왕 의견을 말해야 한다면 몇 마디 중얼거리며 상황을 대충 넘겨선 안 된다. 그보단 자기가 하는 말을 능숙하게 통제해서, 상대방의 이해력을 조금이라도 떨어뜨리는 게 훨씬 낫다. 자신이 실속 없고 알맹이 없는 말만 늘어놓았다는 생각이 드는가? 누군가 자신을 '말하는 건 좋아하지만, 시답잖은 말만 늘어놓는 사람'이라고 평하는가? 그렇다면 우리는 생각과 의견을 효과적으로 교환하는 기술을 배우고 있는 것이다.

30 상대방의 니즈를 알아내고 문제점과 해결책까지 제시하라

나는 상대방에게 내 생각을 이해시키거나, 상대방을 설득해서 내가 바라는 대로 하게 하는 일에 능숙하다.

다른 사람이 우리가 원하는 대로 행동하도록 만드는 능력은 아주 중요한 기술이다. 과거에는 그 기술을 '설득'이라고 불렀지만, 오늘날에는 보통 '영업'이라고 부른다. 흔히들 영업 기술은 사람이 태어날 때 갖고 나온다고 말한다. 다시 말해, 후천적으로 습득한 기술이라기보다는 타고난 재주라는 것이다. "영업자는 타고나는가, 만들어지는가?"라는 질문이 끊임없이 제기되고 있지만, 아직까지 명확한 답이 내려지지 않았다.

현대의 직원교육 및 훈련 전문가들은 영업은 후천적으

로 습득하는 기술이라고 말한다. 그들에 따르면 영업 기술은 교육을 통해 가르치고 개발할 수 있다. 영업은 최근에 생겨난 것이 아니다. 키케로가 로만 포럼에서 카틸루니아 규탄 연설을 하던 시대로 거슬러 올라가 보자. 키케로는 영업 기술(혹은 설득 기술)의 초기 형식을 개발해 냈다. 먼저 자신의 제안을 구두로 설명한 다음, 제안을 수락하면 얻을 수 있는 모든 이익을 자세히 이야기한다. 그런 다음에 누군가 이의를 제기하기 전에 자신의 제안이 갖는 결함이나 문제점을 지적하고 해결책을 제시한다. 그렇게 반대자가 자신의 제안에서 어떠한 결함도 발견할 수 없을 때까지 그 과정을 되풀이한다. 모든 결함이 극복되면, 자신의 제안을 수락해 주기를 요청함으로써, 제안을 '종결'한다.

이 과정은 거의 바뀌지 않고 오늘날까지 전해 내려왔다. 기술들의 명칭만 바뀌었을 뿐 기본 내용은 같다. 오늘날의 비즈니스 세계에서, 세일즈 콜은 고객과 신뢰관계를 형성하는 것에서 시작한다. 고객의 예상 니즈를 충족시켜 줄 이익을 대강 이야기함으로써 고객의 신뢰를 얻을 수 있다. 그런 다음 영업자는 고객의 니즈를 명확히 알아내기 위해 여러 가지 질문을 던진다.

영업자는 제품이나 서비스가 제공하는 모든 편익을 자세히 소개하고, 고객이 제기할 수 있는 결함이나 문제점을 능숙하게 해결한다. 마침내 모든 결함이 극복되면 영업자는 판매 종결을 시도한다. 구매 결정을 요청하고, '고객님의 제품'이라고 말함으로써 고객이 이미 제품 혹은 서비스를 구입한 것처럼 상황을 처리한다. 이를테면 "고객님의 제품은 월요일에 배달될 겁니다. 여기, 구매 주문서에 서명해 주세요"라고 말하는 것이다.

설령 고객이 구매를 거절해도 유능한 영업자는 쉽게 포기하지 않는다. 영업자는 구매 거절 이유를 밝혀내고, 고객의 의문이나 불만을 해소한다. 그런 다음, 다시 판매 체결을 시도한다. 영업자가 모든 기술을 정확하게 구사해서 고객의 니즈를 충족시키면 마침내 거래가 성사된다. 이렇게 과거의 설득 기술들은 새 옷으로 갈아입고 20세기에도 여전히 효력을 발휘하고 있다.

31 소리 없는 말을 효과적으로 구사하라

나는 정직하고 대쪽 같은 사람이 되고 싶다. 하지만 아귀다툼을 벌이는 이 세상에서 항상 정직하게만 산다면, 살아남을 수 없을 것이다. 그래서 나는 때때로 거짓말을 한다.

전체 사실 중 일부를 말하지 않는 것이 거짓말을 하는 거라면, 대다수 사람들은 '거짓말을 한다.' 하지만 대부분의 직장인들은 이러한 '입조심'을 충분히 이해할 것이다.

카드놀이를 할 때, 자신의 손에 쥔 패를 보여 주는 바보는 없다. 마찬가지로 자신의 자리를 내주려고 끊임없이 협상하거나 경쟁력을 강화하거나 세력을 키우는 사람도 없다. 대화를 나눌 때, 우리는 소리 없는 말을 의식해야 한다. 소리 없는 말, 즉 몸짓언어는 말로 하는 의사소통 못지않게 중요하다. 얼굴 표정으로 수만 개의 단어를 표현할 수 있다. 말과 함께 다양한 몸짓언어를 구사하면, 우리가 하는 말의 진실 혹은 거짓을 교묘하게 감추거나 노골적으로 드러낼 수 있다.

＊ ＊ ＊

입을 관리하는 데 반드시 터득해야 할 전략이 있다. 자신이 의도한 메시지를 듣는 사람에게 확실히 전달하는 것이다. 진실을 숨기려고 거짓말을 하면서, 얼굴을 붉히거나 안절부절못하며 말을 더듬으면 상대방은 금방 알아챌 것이고, 우리의 신용은 땅에 떨어질 것이다. 반면에 한번 믿음직스러운 사람이라는 평판을 얻고 나면, 교묘하게 말을 꾸며도 우리의 신용은 높아질 수 있다.

요컨대 우리의 목표는 듣는 사람에게 우리가 하는 말이 '진실'이라는 확신을 주는 것이다. 순진하게 굴지 마라. 진실을 말하고 싶다면 별다른 계산 없이 말해 버리면 되지만, 특

정 상황에서 원하는 결과를 얻고 싶다면 얘기는 다르다. 목
표를 달성하기 위해 듣는 사람의 신뢰를 얻고 유지하려면
어떡해야 할까? 그것은 바로 단어와 그에 적합한 몸짓언어
를 신중하게 선택해서 구사하는 데 달려 있다.

말하는 습관을 바꿔라

변화를 받아들이는 용기,
성장 잠재력

자기계발을 위해 쉼 없이 학습하는 것은 삶에 자극과 보람을 준다. 조금만 시간과 노력을 투자하면 새로운 능력과 개념, 생각, 발상, 기술들을 습득할 수 있다. 그리고 그것들은 모두 우리의 성과를 향상시켜 줄 것이다. 하지만 자신을 계발하는 것은 자수성가하는 것과 같다. 혼자 힘으로 해나가야 하는 아주 힘들고 고된 일이다. 학습이 이루어지려면 여러 요소가 필요한데, 가장 중요한 두 가지 요소는 동기(혹은 열정)와 성장 잠재력이다. 성장 잠재력은 변화에 대한 수용성으로 바꾸어 말할 수 있다.

먼저 동기 부여에 대해 살펴보자. 어떤 주제에 관해 동기가 부여된 학습자는 적극적인 자세로 배우려고 한다. 그는 뚜렷한 목적을 염두에 두고, 그것을 이루기 위한 구체적인 목표를 세운다. 가령 여러분이 이 책을 읽고 있다는 사실은 여러분의 동기와 열의를 말해 준다. 여러분의 목적은 대화할 때 자신의 대응 능력을 향상시키는 것이다. 그리고 그 목표는 업무상이나 사적인 인간관계에서 좀 더 효과적으로 처신하는 것이다. 그러려면 어떻게 해야 할까?

간단하다. 배움을 통해 성장하면 된다. 성장하기 위해서는 변화에 수용적이어야 한다. 바꿔 말해 성장 잠재력을 지녀야 하는 것이다. 이쯤에서 이렇게 질문하는 사람들이 있을 수 있다. "그렇다면 성장 잠재력이 정확히 무슨 뜻이죠?" 다음 이야기를 읽어 보면 쉽게 이해가 갈 것이다.

얼마 전에 나는 한 동료에게 '성장 잠재력'을 정의해 보라고 했다. 그는 성장 잠재력이란 '정해진 조직 구조 안에서 더 큰 책임을 맡고, 더 큰 의사결정권을 행사할 수 있는 능력'이라고 대답했다.

나는 다른 동료에게도 똑같은 질문을 던져 보았다. 그는 첫 번째 동료와는 전혀 다른 대답을 했다. 그는 성장 잠재력이란 '어떤 사람으로 하여금 자신의 실수에서 배우고, 그에 따라 행동을 바로잡아서, 개인으로 그리고 관리자나 경영자로 성장하게 하는 개인적인 특성'이라고 정의했다.

나는 후자의 정의에 전적으로 동의한다. 뛰어난 능력을 지닌 사람들이 성장 잠재력 부족으로 실패하는 것을 수없이 보아 왔다. 그들은 자신의 실수에서 배우지 못했다. 그들은 건설적인 비평을 수용하지 않았다. 비평을 경청하고, 배우고, 성장하기보단 자신을 정당화하는 데 자신의 소중한 지성을 허비했다. 여기에 딱 들어맞는 사례가 있다.

아주 똑똑하고 유망한 팀장이 있었다. 그는 판단력이 부족하다는 지적을 수차례 받았는데, 그 지적을 귀 담아 듣는 게 얼마나 중요한지 깨닫지 못했다. 그는 자신의 결함을 인정하고 고치는 데 그 좋은 머리를 사용하지 않았다. 오히려 지적에 반박하고, 자기의 판단력이 누구 못지않게 훌륭하다는 잘못된 믿음을 옹호하느라 지성을 남김없이 써버렸다. 그는 몇 차례 더 서투른 판단을 내렸는데 그때마다 결점을 인정하기보단 정당화하기에 바빴다. 결국 그는 회사를 떠나라는 압박을 받았다. 실제로 그는 해고되었다. 해고 사유는 '형편없는 판단력'이었다.

주변 사람들은 그가 결함을 인정하고 고칠 수 있도록 도와주려 했지만 번번이 실패했다. 그는 그들의 충고를 일언지하에 거절했다. 그는 자기가 모든 걸 안다고 자부했고 자신의 방식만을 고집했다. 그 결과 그는 실패했고, 실패의 원인은 순전히 변화에 대한 거부감, 변화에 대한 수용성 부족 때문이었다. 그는 성장 잠재력이 부족했던 것이다.

자기계발 노력에서 소기의 성과를 거두려면, 반드시 성장 잠재력을 갖추어야 한다. 입 관리에 대한 여러 가지 개념을 배움으로써 훌륭한 토대를 얻었다면 그러한 개념들을 일상 생활에 적용해야 한다. 그러면서 다른 사람들의 반응을 유심히 관찰해 보라. 그리고 그들이 우리에 대해 하는 이야기, 우리의 통찰력이 우리에게 들려주는 이야기를 경청해야 한다. 어떤 비난에도 주의를 기울이고, 객관적으로 검토하라. 그리고 유용하다고 판단되는 비난은 적극적으로 받아들여 더 나은 사람으로 변화해야 한다. 변화를 수용할 줄 아는 사람만이 더 크게 성장하고 발전할 수 있다.

이제 여러분은 자기계발에 임할 마음가짐을 갖추었다. 그 과정을 본격적으로 시작해 보자. 먼저 행동과 성격의 관계를 살펴볼 것이다. 행동과 성격은 둘 다 입을 관리하는 데 중요한 역할을 한다.

행동부터
통제하라

행동에는 세 가지 기본적인 측면이 있다. 그것은 바로 감정, 생각, 그리고 행동 경향overt action이다.

먼저 감정은 우리가 어떤 상황에서 취하는 행동에 영향을 미친다. 우리는 자신이 느끼는 감정의 특성과 그것이 미치는 영향을 의식하지 못하는 경우가 많다. 자신의 감정을 부정하거나 억누르는 사람들도 있는데, 대다수 영국인들이 으레 그렇다. 이른바 '윗입술을 움직이지 않는다.' 그들은 어떤 상황에서도 감정을 드러내지 않고 의연하게 행동하려 한다.

하지만 행동을 통제하려면 자신이 느끼는 다양한 감정을 민감하게 알아채고, 그것들이 자신에게 어떤 영향을 미치는지 인식해야 한다. 이는 아주 중요할 뿐만 아니라 반드시 필요한 일이다.

생각은 현재 우리가 가진 지식과 구체적인 상황, 현재와 비슷한 상황에서 겪었던 과거의 경험들을 토대로 형성된다. 어떤 상황에 처하면 우리는 이들 세 요소를 분석하게 되고, 그렇게 함으로써 우리가 취할 수 있는 행동방식이 다양하게 떠오르는 것이다. 그리고 이런 생각들은 우리의 행동에 영향을 미친다.

어떤 상황에서 발생하는 행동 경향에 대한 욕구는 개인마다 천차만별이다. 그런 욕구는 개인들로 하여금 어떤 행위를 하도록 자극하는 내적 작용에서 비롯된다. 가령 어떤 사람은 상사와 이야기할 때, 해고될지도 모른다는 두려움 때문에 의견을 솔직하게 말하지 않는다. 두려움 때문에 그는 입을 다물거나 아무것도 하지 않는 것이다. 반면에 그는 부하를 대할 때, 말과 행동이 경솔해질 수 있고 뭔가 해야 한다는 강한 욕구를 느낄 수 있다. 그러한 욕구는 불같은 성미와 감정적으로 반응하는 성향에서 비롯된다. 그런 행동을 한 결과 득보다 실이 많다면, 그는 책임을 회피하면서 그 행동을 머릿속에서 지워 버린다.

가장 널리 사용되는 책임 회피 방법은 "그땐 그게 좋은 생각 같았습니다"라고 변명하는 것이다. 하지만 그런다고 문제가 해결되는 건 아니다. 당장은 곤란을 면할 수 있겠지만 언젠간 문제에 대한 책임을 져야 할 것이다. 자신에게 어떤 행동 경향이 있다면, 다양한 생각과 감정이 마음속에서 어떻게 작용하는지와 그것들이 행동 경향에 미치는 영향이 무엇인지 이해하고 통제해야 한다.

이렇듯 감정과 생각, 행동 경향이라는 세 요소가 서로 상호작용하여 우리의 행동에 영향을 미친다. 다음 예를 살펴보자.

회의 중에 열띤 논의가 진행되고 있다. 상사는 우리가 전혀 동의할 수 없는 어떤 제안을 지지하고 있다. 우리는 상사가 틀렸다고 생각하지만 마음속에는 두 가지 감정이 교차한다. 걱정스럽고 화가 나는 동시에 상사가 두렵다. 상사의 제안에 반대하면 조롱과 야유, 여러 가지 불이익을 감내해야 할 수도 있다. 이때 우리는 대개 잠자코 상사의 제안에 따르는 경향이 있다. 이런 상황에서는 세 가지 요소 중 우리에게 가장 큰 영향을 미치는 요소가 우리의 행동을 결정한다.

우리의 생각과 감정들이 행동 경향을 극복한다면 상사의 제안에 반대할 것이다. 혹은 다른 감정들이 행동 경향에 영향을 미쳐서, 뜻밖의 실수를 저지르게 될 수도 있다. 우리의 논리적이고 건설적인 생각이, 생각에만 그칠 수도 있고, 우리가 회의 중에 그 생각을 제안할 수도 있다.

이들 세 요소의 상호작용은 입을 단속하는 데 매우 중요하다. 우리의 생각은 상대방이 하는 말에 영향을 받고, 상대방의 생각과 감정은 우리가 하는 말에 영향을 받는다.

감정, 생각, 행동 경향이 상호작용을 하면 어떤 상황이 조성된다. 그 상황은 언젠가는 끝나기 마련이지만 상황의 결과는 우리에게 유리하거나 불리하게 작용한다. 어떤 상황에서 이루어지는 대화는 당사자들이 주어진 자극에 어떻게 반응하는가에 따라 달라진다. 감정과 생각의 표현인 말을 확실하게 통제할 수 있는 사람이 최후의 승자가 된다. 통제력은 개인의 성격에 따라 달라진다. 개인의 성격은 자극에 반응하여 어느 정도의 통제력을 행사할 것인가를 결정짓는 근본 요인이다.

성격적 결함
극복하기

우리의 성장 환경, 소양, 학력, 경력이 합쳐져서 성격을 형성한다. 성격은 행동에 영향을 미치는 가장 중요한 내적 요인이다. 모든 사람이 예의 바르고 상냥해서 서로 화목하게 지낸다면 살기 좋은 세상이 되겠지만, 유감스럽게도 현실은 그렇지 않다. 누구나 성격적 결함이 한두 가지씩은 있다. 완벽한 사람은 없다.

　우리 모두는 고쳐야 할 '결함'을 갖고 있다. 자신의 행동을 곰곰이 생각해 보라. 어떤 행동 때문에 생긴 여러 가지 문제점을 깨닫고 나면, 자신의 결함이 확실히 보일 것이다. 그렇게 성격적 결함을 인식하고 나면 그 행동과 대응법을 고치기 위해 여러 가지 조치를 취할 수 있다. 성격적 결함은 대화할 때 여러 가지 문제를 발생시키는 근본원인이다. 정상적인 성격은 정상적인 행동을 낳고, 비정상적인 성격은 비정상적인 행동을 낳는다.

자신을 향상시키고 싶다면 성격적 특성을 완벽하게 이해해야 한다. 성격적 특성은 우리의 말을 유발하며 행동의 토대가 된다. 그러한 특성들은 성격으로 굳어져 고치기 매우 어렵다. 호랑이의 줄무늬처럼 우리의 성격에 깊이 뿌리박혀, 아무리 노력해도 고칠 수 없는 특성들도 있다. 하지만 노력해 볼 만한 가치는 있다. 적어도 어떤 성격적 특성이 어떻게 작용하며 우리가 하는 말에 어떤 역할을 하는지 정도는 알고 있어야 한다.

긍정적인 성격적 특성들은 성공을 안겨 주지만, 부정적인 성격적 특성들은 실패를 안겨 준다. 사람의 성격은 그야말로 각양각색이다. 문제를 야기하는 성격적 특성들은 가장 고치기 어려운 것들이다. 그중 몇 가지를 소개하자면 다음과 같다.

- 신중함 부족(단어 선택에 신중하지 못함)

- 신경질적, 성급함(성미가 급함)

- 고집스러움, 완고함, 옹고집

- 신경과민, 항상 극도로 긴장하며 예민한 상태

- 순종적(복종적), 나약하고 겁이 많음

- 논쟁적인 경향, 따지기 좋아하는 경향

- 독선적, 성인군자인 척, 고고한 척 점잔 빼는 태도

- 부정적인 태도

- 지나치게 경쟁적

- 독단적

- 이기주의, 자기중심적

우리의 성격은 뇌에 생각을 공급하는 일종의 메커니즘이다. 뇌는 말을 만들어 입 밖으로 내뱉게 한다. 말은 외적으로 드러나는 행동의 일부로 다른 사람들은 그것을 보고 듣는다. 화가 나거나 불만스러울 때, 고래고래 소리를 지르며 성질을 부린다면 자신을 절제하는 법부터 배워야 한다. 어떻게 하느냐고? 간단하다. 이를 악물고 참아라. 혹은 열을 세라.

　다음 상황을 머릿속으로 그려 보라. 한창 대화를 나누고 있는데 상대방이 몹시 짜증나는 말을 한다. 우리는 화가 머리끝까지 난다. 어떻게 대응해야 할까? 처음엔 한마디 쏘아붙이고 싶은 충동이 일 수 있다. 하지만 나중에 후회할 말을 퍼붓기보단 크게 심호흡을 해서 마음을 차분히 가라앉힌 다음, 혀를 깨물어라. 다시 말해, 하고 싶은 말이 있더라도 이를 악물고 참아라. 혀를 깨무는 고통이 싫다면 작은 소리로 천천히 열을 세는 것도 좋은 방법이다. 스트레스를 받는 상

황에서 그렇게 한다면, 화가 치밀어 오를 때 입을 단속하는 데에 성공할 것이다.

이런 상황들은 대화를 나눌 때 아주 빈번하게 생긴다. 다시 한번 강조하지만 절제가 성공의 열쇠다. 직원 훈련 및 개발 분야의 전문가들은 절제를 '긴장의 끈 조이기' 혹은 '억누르기'라고 부른다. 뭐라고 부르건 간에 결국은 같은 소리다. '논쟁 중에 잘못된 말을 하지 않도록 자신을 다스리는 능력'이 바로 절제다. 인간이라면 화를 돋우거나 짜증나게 하거나 비판을 하게끔 상황을 몰아가면 감정적으로 대응하게 마련이다. 그런데 상대는 우리가 감정적으로 반응하기를 원할 수도 있다. 우리는 자신의 생각을 거침없이, 속 시원하게 말할 수 있는 절호의 기회가 생겼음을(혹은 완벽한 상황이 조성되었음을) 알아챈다. 하지만 그러기 전에 하려던 말을 가만히 생각해 보라. 상대방이 그 말을 어떻게 받아들일까? 그 말을 하면 두고두고 후회하지 않을까? 주워 담고 싶지만 그럴 수 없어서 속상해할까?

곧바로 반응하지 마라. 단순히 반응을 늦추기만 해도 반응의 유형이 달라질 것이다. '이성을 잃거나 발끈하는' 타입의 반응에서 한층 신중하고 책임 있고 차분하고 침착한 반응으로 바뀐다. 우선 아무 말도 하지 마라. 입을 굳게 다물고, 생각을 가다듬은 다음에 반응하라. 반응하기 전에 잠시 침묵하는 것은 매우 중요하다. 말을 잠시 멈춤으로써 우리 뇌는 대처 방법을 곰곰이 생각해 볼 몇 초의 시간적 여유를 얻는다. 그 몇 초가 입을 통제하느냐 통제하지 못하느냐를 결정짓는다. 그동안 뇌는 우리에게 영향을 미치고 있는 외부자극을 면밀히 검토하고, 입이 성급하게 반응(대체로 우리에게 불리한 방식으로 반응하게 된다)하는 것을 막아 주는 안전장치를 마련한다.

격한 말은 우리의 이미지를 망가뜨린다. 마음을 가라앉히고, 침착성을 잃지 마라. 다른 사람들의 꼬임에 넘어가 함정에 빠져서는 안 된다. 상황을 충분히 생각해 보고 정확하게 파악하라. 그런 다음, 자신이 감당할 수 있는 냉정하고 침착한 반응, 다른 사람들의 존경을 받을 수 있는 반응을 하라. 홧김에 어리석은 말을 하지 않게 하는 방법을 하나 더 소개하자면, 마음속으로 상대방을 꾸짖는 것이다. 그렇게 해서 분노를 (마음속으로나마) 마음껏 발산한 다음에 관대함을 유지하기 위해 계속 노력하라.

설교하기 좋아하는 성격은 좀 더 고치기 쉽다. 가령 어떤 주제에 지나치게 심취해 있으면 설교를 늘어놓는 경향이 있다. 그들을 꼰대라고 부르는 까닭은 자신의 생각이나 의견을 확실한 사실인 것처럼 말하기 때문이다. 게다가 자신의 개인적인 생각을 이론이나 학설, 또는 비판의 여지가 없는 진실이라고 굳게 믿는다. 꼰대들은 다른 견해나 시각을 검토해 보려고 하지 않는다. 그리고 자신의 생각과 반대되는 생각은 완전히 무시해 버린다.

만약 자신이 설교를 늘어놓고 있다고 생각되면, 얼른 말을 멈추고 다른 사람들의 의견을 물어야 한다. 자신의 생각들을 논의 주제로 제안하고, 다른 사람들에게 의견을 말해 달라고 요청해라. 마지막으로, 사람들은 설교나 훈계를 늘어놓기보다 실질적인 유익을 제공해 주는 사람에게 더 호의적이라는 사실을 명심해라. 다른 사람은 틀렸고 자신이 항상 옳음을 증명하려 하는 사람은 자기중심적일 수도 있다.

자기중심주의는 대단히 고치기 힘든 성격적 결함이다. 자기중심적인 사람은 단순히 '옳다'는 것만으론 만족하지 않는다. 그들은 다른 사람들을 맹렬하게 비난해서 그들을 당혹스럽게 하거나 나쁜 사람으로 몰아간다. 순전히 자신의 만족감과 쾌감을 위해서 그렇게 한다. 결국 그들과 동료들 사이에는 보이지 않는 벽이 생기게 된다.

일단 자신의 '에고$_{ego}$' 즉, 지나친 자부심이 성격적 결함임을 깨닫는 것만도 큰 성과이다. 다음으로 해야 할 일은 다른 사람의 니즈를 이해하고, 그들의 행동을 불평 없이 참아 주는 것이다. 그러면서 그들의 생각도 자신의 생각만큼 훌륭하다는 사실을 인정하려 노력해야 한다.

자기중심주의와 관련된 또 다른 성격적 결함은 바로 '자랑하기' 혹은 '떠벌리기'이다. 떠벌리는 자발적으로 정보를 전달하는 경향이 있다. 그런 사람들에겐 구태여 뭔가를 물어볼 필요도 없다. 떠벌리는 자부심이 지나쳐서 자신이 얼마나 중요한 사람인지 사방팔방에 알리고 싶어 한다. 사람들이 흔히 빠지는 함정 중 하나는 자신의 성과나 업적을 자랑하고 뽐내는 것이다. 하지만 떠벌리는 것이 얼마나 큰 화를 초래하는지 다음 이야기를 읽어 보면 알 수 있다. 방금 큰 신용거래를 성사시킨 영업사원이 있다. 그는 금요일 저녁에 술자리에서 친구들에게 거래 내용을 시시콜콜 늘어놓는다. 다음 날 아침, 경쟁자들은 그 영업사원과 신용거래를 맺은 고객을 찾아가, 더 낮은 가격을 제시한다.

또 다른 성격적 결함인 독단적인 태도는 대개 젊음youth (미숙함)과 관련이 있다. 흔히 '선무당이 사람 잡는다'고 하는 상황이다. 때로는 얄팍한 지식이 무엇보다 위험하다. 독단적인 사람들은 진리와 법칙이나 원칙과 규칙만 중요하게 생각한다. 그들은 항상 원리원칙대로 행동하며 옳고 그른 것을 구분한다. 세상만사를 양자택일의 흑백논리로 바라보며 회색지대인 중간은 용납하지 않는다. 그리고 다른 어떤 견해도 들으려 하지 않는다. 하지만 그런 태도에 사람들은 질린다. 독단적인 사람이 다른 사람들의 생각을 듣기 싫어

하는 것처럼, 다른 사람들도 그들의 생각을 듣기 싫어한다.

이런 성격적 결함을 고치려면, 사람들이 독단적인 태도를 혐오한다는 사실을 깨달아야 한다. 독단적인 사람들은 다른 사람의 견해를 인정하고 생각해 보는 유연한 자세를 길러야 한다. 그리고 자신이 믿는 원칙만 내세우지 말고, 객관적으로 상황을 바라보는 융통성을 가져야 한다. 대다수 사람들은 나이가 들면서(성숙해지면서) 이런 결함을 고치고, 인생에는 수많은 회색지대가 존재함을 깨닫는다.

입을 단속하는 데 영향을 미치는 가장 나쁜 성격적 결함은 감정적으로 반응하는 것이다. 이는 개인의 기질이나 성향과 밀접한 관련이 있으며 스트레스 상황에 곧장 반응할 때 감정적이 되기 쉽다. 감정적으로 반응하면 자신의 효과성effectiveness(자신이 원하는 것을 지속적으로 얻을 수 있는 것—옮긴이)을 떨어뜨리는 말을 하게 된다.

감정적인 대응을 억제하려면 어떻게 해야 할까? 먼저 완벽한 사람은 없다는 것을 깨달아야 한다. 그리고 감정적으로 반응할 때마다 자신의 잘못을 인정하고, 앞으로는 그러지 않으려고 노력해야 한다. 이런 식으로 감정적으로 반응하는 횟수를 줄여 나간다. 감정이 치밀어 오르면, 머릿속으로 그 감정을 설명해 보라. 그러면 현재 상황을 객관적으로 파악할 수 있게 될 것이다. 그런 다음 시간을 갖고 마음을 차분히 가라앉혀라. 마음을 진정시킨 뒤에 말을 해도 늦지 않다.

고치기 힘든 또 다른 성격적 특성은 순종적인 것이다. 순종적이라는 것은 쉽게 항복하는 경향이 있다는 뜻이다. 순종적인 사람은 비효과적ineffective(자신이 원하는 것을 얻지 못함—옮긴이)이게 된다. 그런 사람들은 대개 자신이 해야 할 일을 하지 않고 질질 끈다. 또한 돌아가는 상황을 관망하며 기회를 살핀다. 자기가 어느 쪽 울타리에 올라앉을지 그들 자신도 모른다. 그들의 결정은 그 순간 바람이 불어오는 방향에 달려 있을 뿐 그들의 가치관이나 믿음과는 무관하다.

이런 결함을 고치려면 어떻게 해야 할까? 자신의 견해를 분명히 밝히고, 정중하지만 확고하게 그것을 고수하라. 상대방의 생각도 충분히 일리가 있지만, 자신의 생각은 흔들리지 않는다고 확실하게 말해야 한다. 사람들이 자신의 견해에 동의하지 않는다면 자신의 견해 전체를 반대한다고 섣불리 단정 짓지 말고, 어떤 부분이 문제인지 물어보라. 그들이 끝까지 설득하는데도 자신의 의견이 옳다고 생각한다면 "저는 당신의 견해보다 저의 견해가 더 좋습니다"라고 단호하게 말해야 한다.

한편 논쟁하는 경향은 여러 가지 특수한 문제들을 야기한다. 대다수 사람들은 천성적으로 따지길 좋아한다. 그들은 무엇이든 논쟁의 대상으로 삼는다. 가령 어떤 사람이 "검은 것은 검은 것"이라고 말하면 "말도 안 돼. 흑은 백이야"라며 우겨대는 식이다. 하지만 이런 논쟁은 그야말로 비생산적이다. 불에 기름을 붓는 일이며, 사람들을 화해하고 단합시키기보단 대립하고 분열시킨다.

다른 사람들을 설득해서 자신의 견해를 관철시키고 싶다면 중립을 유지하는 편이 낫다. 논쟁하는 습관, 즉 화를 내고 빈정대면서 대화에 불쑥불쑥 끼어드는 습관을 들인다면, 우리가 하는 말을 통제하기 몹시 어려워질 것이다.

경쟁적인 것은 좋게도 혹은 나쁘게도 작용한다. 경쟁심이 강한 사람은 목표를 이루기 위해 더 많이 노력한다. 스포츠가 위대해지는 것은 바로 이런 경쟁심 덕분이다. 우리가 보다 질 좋은 상품을 보다 저렴하게 구입할 수 있는 것도 경쟁심 덕분이다. 하지만 동료나 친구들과의 지나친 경쟁은 파국적인 결과로 치닫는다. 협력해서 상승효과를 내거나 충분히 기술을 활용할 수도 없다. 비협조적인 태도를 초래할 수도 있다. 혹시 친구나 동료들과 경쟁하고 있다면 '자기 자신과의 경쟁'에 집중하여 불필요한 경쟁을 중단해라.

사람들의 성격적 결함은 그 종류가 수없이 많고 복잡하게 얽혀 있다. 지금까지 살펴본 것들은 흔히 볼 수 있는 몇 가지에 불과하다. 입을 단속하는 비결은 성격에 있다. 우리는 자신의 별난 성격과 결함들을 깨닫고 성장 잠재력을 발휘하여 극복하면 성격을 개선할 수 있다.

존경받는 말,
무시되는 말

대화에서 인격과 성품은 대단히 중요한 역할을 한다. 존경받는 사람의 말은 중요한 의미를 갖는 반면에 존경받지 못하는 사람의 말은 듣는 사람에게 별다른 의미가 없다. 우리는 날마다 많은 말을 한다. 듣는 사람은 말하는 사람이 어떤 사람이냐에 따라 그의 말을 경청하거나 경청하지 않는다. 말하는 이가 누구냐에 따라 경청 정도가 달라진다고 해도 과언이 아니다. 사람들은 존경하는 사람의 말을 그렇지 못한 사람의 말보다 더 주의 깊게 듣는다.

더구나 사람들은 성공한 사람들의 말에 좀 더 귀 기울이는 경향이 있다. 이것이 추천광고(유명인이 상품을 추천하는 광고—옮긴이)의 기본원리다. 그 비결은 신뢰다. '성공한 사람은 분명 무언가 대단한 것을 알고 있다. 그렇지 않다면 어떻게 성공했겠는가? 그래서 나는 그가 하는 말을 귀담아 들을 것이다. 어쩌면 뭔가 대단한 것을 배울 수도 있을 테니까'라는 논리가 작용하는 것이다.

일상생활 속에서 개인의 성품과 그의 견해를 따로 떼어 생각하기란 굉장히 어렵다. 어떤 사람이 제기한 쟁점은 많은 사람의 지지를 받는다. 그런데 똑같은 쟁점을 다른 사람이 제기하면 거부될 수 있다. 충성심, 우정, 정치적 견해, 그 밖에도 여러 가지 요인이 우리가 쟁점에 대해 취하는 태도에 영향을 미친다. 그중에서도 개인의 인격과 성품은 그 선택에 매우 큰 영향을 미친다. 우리가 동료들의 지지와 존경을 얻는다면 그들은 우리의 말에 훨씬 더 귀 기울일 것이다. 반면에 동료들의 지지와 존경을 얻지 못한다면 누구도 우리의 말을 귀 기울여 듣지 않을 것이다.

불필요한 논쟁에
빠지지 않는 법

어떤 주제에 대한 자신의 견해를 거리낌 없이 말하고, 깊이 생각해 보게 되는 때와 장소가 있다. 직장에서 그렇게 할 수 있는 적절한 때와 장소는 극히 드물다. 가령 자신의 계획이나 생각을 다른 사람에게 납득시켜야 할 때, 가장 피하고 싶은 것은 바로 논쟁이다. 한번 불거진 논쟁은 웬만해선 풀기 어렵다. 논쟁이 불거지면 계획이나 생각을 충분히 설명하거나 정당한 평가를 받아볼 기회조차 없이 다짜고짜 맹비난을 받게 된다. 계획이나 생각이 훌륭한지 아닌지는 더 이상 중요하지 않게 된다. 토론 중에 서서히 말다툼이 일기 시작하면 논의 중인 프로젝트는 물 건너 간 것이나 다름없다.

여기 상당히 유용한 방법이 있다. 새로운 계획이나 사업을 제시하기 전에 최종 결정권을 가진 핵심 인물들에게서 예비적 합의를 이끌어 내면 된다. 사전에 지원군을 만들어 두지 않고, 특정 주제에 대해 의견을 말하거나 새로운 계획을 불쑥 제시한다면 논쟁이 일어날 위험을 감수해야 한다.

자신의 계획을 통과시키려면 무슨 수를 써서라도 논쟁을 피해야 한다. 새로운 생각이나 계획을 제안하기 전에 철저하게 대비하라. 여러 가지 사실과 그것을 입증할 증거 자료를 재량껏 준비하라. 핵심 의사결정자들에게 자료들을 직접 제출하고 조언을 구하라. 이때 주의할 점이 있다. 조언을 수용하건 거절하건 반드시 그 이유를 그들에게 설명해 주어야 한다. 그런 다음 자신의 생각이나 계획을 완벽하게 다듬어라. 회의에서 계획을 발표할 때쯤이면 이미 모든 사람이 그 계획을 인지하고 '자신의 것'처럼 생각할 것이다. 우리는 계획에 대한 그들의 생각을 알고 있기 때문에 자신 있게 발표하고, 구체적으로 논의할 수 있다. 갑작스럽지 않으니 논쟁이 일어날 염려도 없다. 결국 우리는 성공을 거둔다. 계획을 승인받는 것은 물론이고 사람들의 관심과 존경을 얻는다. 사전에 준비 작업을 해두지 않으면, 논쟁을 일으킬 위험을 감수해야 한다. 논쟁이 벌어지면 우리의 계획이 맹비난을 받을 뿐만 아니라 우리의 평판도 크게 손상될 수 있다. 여기에 딱 들어맞는 다음 사례를 살펴보자.

한 중소기업의 회의 시간. 경영진들이 참석한 가운데 한 임원이 신제품 도입에 관한 방안을 내놓는다. 그는 여러 가지 정보와 각종 수치를 준비하는 데 몇 개월을 쏟아부었다. 그는 홍보부 부장만을 제외하고 모든 핵심 임원들과 정기적으로 연락하며 의견을 나누었다. 그는 홍보부 부장은 무능력하고 회사에 이렇다 할 공헌을 한 적도 없는, 곧 쫓겨날 게 뻔한 사람이라는 생각에 의도적으로 제외시켰다. 그가 프레젠테이션을 마치자 홍보부 부장이 불쑥 물었다.

"이 수치들이 의심스럽군요. 정확합니까?"

그는 홍보부 부장의 눈을 똑바로 쳐다보며 쏘아붙였다.

"이 수치들을 믿지 못하겠거든 당신이 가진 수치 좀 봅시다. 누구의 수치가 정확한지 비교해 보면 알겠군요."

그는 자신을 통제할 수 없었다. 한번 쏘아붙여 주지 않고는 참을 수 없을 것 같았다. 그는 홍보부 부장에게 수치 따위가 있을 리 없음을 잘 알고 있었다. 그럼에도 홍보부 부장의 콧대를 확 꺾어 놓고 싶었다. 그렇게 해서 다른 임원들 앞에서 그를 비웃음거리로 만들고 싶었다. 하지만 상황은 그에게 불리하게 돌아갔다. 다른 임원들도 홍보부 부장이 빈껍데기라는 사실을 알고 있었고 탐탁지 않게 여겼지만, 많은 사람들이 보는 앞에서 그가 홍보부 부장을 망신 주는 데 대해 다들 격분했다.

발표를 한 임원은 자기 무덤을 판 셈이다. 경영진은 방향을 바꾸었다. 원래 그들은 기꺼이 그의 계획을 승인하려고 했다. 하지만 지금은 그 계획에 대해 논쟁을 하려고 했다. 그는 뜻하지 않게 논쟁의 장을 조성한 것이다. 논쟁은 광범위한 파장을 일으켰고, 그 여파는 엄청났다. 그는 야심차게 준비한 계획을 거절당했고, "어떤 상황에서도 평정심을 잃지 않는다"는 평판에 타격을 받았다. 그간 공들여 온 모든 준비 작업은 (홍보부 부장을 제외시킨 것만 빼면 완벽하게 수행했는데도!) 결국 수포로 돌아갔다.

홍보부 부장 또한 결국 해고되었다. 충분히 생각해 보지 않고 불쑥 질문을 내뱉는 짓은 하지 말아야 했다. 그렇게 해서 얻은 거라곤 자신을 멍청해 보이게 만든 것밖에 없었다. 그는 성급하게 반응했고, 프로다운 태도를 유지하지 못했다.

논쟁을 피하려면 사전에 문제들을 검토하고, 예측하고, 조사해서, 자신이 사실에 기반을 두고 있으며, 한 치의 오차도 없음을 확실히 해두어야 한다. 우리의 효과성은 아이디어나 계획을 얼마나 잘 준비하고 제시하는가뿐만 아니라, 그것들이 얼마나 잘 실행되도록 할 수 있는가에 달려 있다. 생각과 계획을 성공적으로 실행시키는 비결은 바로 논쟁을 피하는 것이다. 신중하고 사려 깊게 접근하라. 그러면 골치

아프고 난감한 문제들을 예상해서 미리 제거할 수 있다.

어떤 사람이 아무런 준비도 없이 무작정 회의에 들어와 거기서 얻은 지극히 제한된 정보에 의지해 임기응변으로 대처한다면 어떨까? 그는 진지하지 못하며 자만심에 빠져 있거나 안이하게 생각하고 있는 것이다. 어떤 사람이 진지하고 사려 깊다면, 그의 생각이나 계획은 설득력을 가질 것이며, 기꺼이 받아들여진다.

이러한 지침들을 착실히 따르면 사람들은 우리의 생각이나 계획을 찾을 것이며 중요하게 여길 것이다. 반대로 우리가 일관성이 없고, 논쟁을 일으키며, 앞뒤 따지지 않고 함부로 말하거나 즉흥적으로 말한다면, 다른 사람들의 존경을 잃게 될 것이다. 그러고 나면 우리의 생각이나 계획은 진지하게 받아들여지지 않을 것이다. 최악의 경우에는 '속 빈 강정' 혹은 '빈껍데기'로 여겨질 것이다.

실없는 농담이
상대방을 죽인다

공격적이고 남을 배려하지 않는 사람은 다른 사람에게 정신적 고통을 가하는 경향이 있다. 주로 농담을 잘 던지는 사람들이 그런 성격적 결함을 갖고 있다. 다른 사람에게 함부로 농담하지 마라.

짧막한 농담이나 우스갯소리로도 상대방을 죽일 수 있다. 정 농담을 하고 싶다면 먼저 상황을 시험해 봐라. 방법은 간단하다. 상대방의 입장이 되어 생각해 보고, 그런 농담을 들으면 어떻게 반응할지 스스로에게 물어보면 된다. 나라면 그 농담을 듣고 기분이 좋을까, 화가 날까? 농담이려니 하고 넘길까, 아니면 몹시 불쾌해하며 말다툼을 벌일까? 나라면 어떻게 반응할 것인가? 그 결과 어떤 일이 벌어질까? 나라면 그 농담에 상처를 받을까? 얼마나 심하게 마음을 다칠까?

농담이나 우스갯소리가 갖는 문제는 상대방이 거기에 얼마나 예민하게 반응할지 알 길이 없다는 것이다. 별로 악의 없게 느껴지는 말(전혀 남의 기분을 상하게 할 것 같지 않은 말)도 듣는 당사자가 예민하게 반응한다면, 끔찍한 결과를 일으킬 수 있다. 농담한 사람에게 불리하게 작용할 수 있다. 다음 이야기는 단순한 말 한마디가 어떻게 치명적인 실수로 변하는지를 잘 보여 준다.

어느 금요일 저녁, 어느 작은 회사의 판매부에서는 주간 판매량 달성을 자축하는 파티가 열리고 있었다. 그것은 수년간 해온 일종의 관례로, 할당량을 달성할 때마다 샴페인을 터뜨리고 성과를 축하하는 자리다. 대개 다른 부서의 직원들도 들러서 축하해 주었다.

영업담당 부사장의 비서는 최근에 들어왔는데, 상당히 어린 사회 초년병이었다. 그녀는 부사장에게 헌신적이었다. 모두들 그녀를 좋아했고 조직의 일원으로 기꺼이 받아들였다. 그녀는 자신이 그 자리에 있다는 사실이 몹시 뿌듯하고 자랑스러웠다.

다른 부서의 팀장도 우연히 들렀다가 축하를 해주었다. 딱히 할 말이 없었던 그는 새 비서를 지목하며 불쑥 농담을 던졌다. "이런, 수지. 자네도 있었나? 대체 여기서 뭐하는 거지? 자네, 술을 마셔도 되는 나이인가?" 그 말에 수지는 완전히 이성을 잃었다. 순식간에 두 눈에 눈물이 그렁그렁해졌다.

그녀는 펑펑 울면서 자리를 박차고 나가 버렸다. 누군가 그녀가 하는 말을 들었다. "어떻게 나한테 그럴 수 있지? 모두가 보는 앞에서 창피를 주다니. 나도 어엿한 성인이야. 술을 마셔도 되는 나이라고. 나를 애 취급해서는 안 되는 거잖아!"

축하 파티는 완전히 엉망이 되었다. 하지만 끔찍한 일은 거기서 끝나지 않았다. 소문이 사장의 귀에 들어간 것이다. 사장은 그 팀장의 상사를 호출했고, 부하직원을 제대로 관리하지 않으면 해고해 버리겠다고 경고했다. 악의 없는 농담으로 시작한 말이 문제의 팀장에겐 큰 화근이 되었다.

말,
뿌린 대로 거둔다!

뿌린 대로 거둔다. 이는 만고의 진리다. 우리가 유출하거나 퍼뜨린 정보는 반드시 돌아와 우리에게 악영향을 미친다.

정보를 전달하기 전에 다음 질문에 답해 보라. 우리가 바라던 결과를 얻는 데 그 정보가 도움이 될 것인가, 아니면 우리의 의도와는 반대로 작용할 것인가? 그 정보는 도움이 될까, 방해가 될까? 다음 이야기를 살펴보자.

봉급날마다 급료가 압류되는 직원이 있었다. 일정액이 그 직원의 급료에서 공제되어, 곧장 법원으로 보내졌다. 매달 그의 급료가 압류된다는 사실은 기밀 사항이었다. 인사과와 경리과 직원들을 제외하면 그 사실을 아무도 몰랐다. 그 직원은 영업사원, 짐이었다.

영업부장은 짐이 거래를 많이 성사시켜서 회사에 큰돈을 벌어 줄 수 있으리란 기대로 그를 채용했다. 하지만 6개월 후 뚜껑을 열어 보니, 짐의 실적은 참담하기 이를 데 없었다. 그는 커미션을 한 푼도 챙기지 못했다. 영업부장은 걱정이 이만저만이 아니었다. 짐이 실적을 올리지 못하면 머지않아 해고당할지도 몰랐다. 게다가 짐의 급료는 겨우 빚지지 않고 살 수 있을 정도였다.

자유토론 시간에, 부장들이 그간의 판매 실적과 할당량, 영업사원들의 실적 등 이런저런 이야기를 나누고 있었다. 그러다가 짐의 이름이 나오자 경리부 부장이 불쑥 끼어들며 말했다. "빌어먹을, 짐은 실적을 좀 올려야 할 거야. 우리가 매주 법원에 보내는 공제액을 대기 위해서라도 말이지." 그 말을 들은 영업부장의 얼굴에는 불쾌한 표정이 스쳤다. '금시초문인데? 도대체 무슨 문제가 있는 거지?'라는 듯한 표정이었다.

다음에 영업부장은 짐과 대화를 나누다가 그 일에 대해 물었다. 절대로 그래선 안 됐지만 궁금함을 참지 못했다. 자신의 급료가 압류되고 있는 것을 상사가 안다는 사실에 짐은 노발대발했다. "그 일은 기밀입니다. 저와 채권자들 사이의 문제예요. 다른 사람들에게 알려져서는 안 되는 문제라고요. 급료가 압류되는 건 제 업무와는 무관하지 않습니까?

이건 명백한 사생활 침해입니다. 그냥 넘어가지 않겠어요."

그의 말이 맞았다. 경리부는(경리부 부장은 말할 것도 없고) 그 정보를 유출해서는 안 되었다. 그들에겐 그럴 권리가 없었다. 영업부장도 그 일을 알 필요가 없었다. 그리고 짐에게 자기가 그 사실을 안다는 사실을 알려서는 더더욱 안 되었다. 한번 정보가 유출되고 나면 어떤 일이 일어날지는 결코 예측할 수 없다.

경리부 부장이 유출한 정보는 돌고 돌다가 다시 그에게 돌아갔고, 그는 큰 곤란에 빠졌다. 회사가 큰 손실을 치를 수도 있었고, 그 부장이 직장을 잃을 수도 있는 일이었다.

여기서 얻을 수 있는 교훈은 무엇인가? 자신의 목적을 이루는 데 필요하지 않은 어떤 정보를 공개적으로 이야기하지 말라는 것이다. 그리고 그런 정보를 퍼뜨리기 전에, 직접적인 영향을 미치는 사람의 귀에 들어갔을 때, 당사자가 어떻게 반응할지를 곰곰이 생각해야 한다.

적절한 한마디의 힘

성공하려면 직업 면접과 비즈니스 회의 같은 특수한 상황에서 대화를 매끄럽게 진행하고, 적절하게 통제할 수 있어야 한다. 이는 절대 운에 맡길 수 없는 중요한 일이다. 대화를 원하는 방향으로 이끌어 갈 수 있는 방법, 즉 대화를 통해 원하는 결과를 얻을 수 있는 방법은 굉장히 많다.

우리의 인식과 기량을 향상시킬 방법도 수없이 많다. 대화에서 성공을 거두려면 지금부터 살펴볼 다양한 개념과 기술을 확실히 이해하라. 그리고 자신의 것으로 흡수하여 실생활에 적용해야 한다.

불만을 토로할
때와 장소를 구별하라

일이 생각대로 풀리지 않으면 화가 나기 마련이다. 우리는
화가 나면 울분을 터뜨리거나 심경을 토로한다. 당장 멈춰
라! 모든 것에는 때와 장소가 있는 법이니 자제해야 한다.
"억울하면 출세해라"는 옛말은 하나도 틀리지 않다. 이 말을
가슴에 새기면 이득을 얻을 수 있다. 하지만 억울한 일을 당
했다고 불같이 화를 내면서 막말을 지껄이면, 분명 손해를
입게 된다.

그렇다면 화가 날 땐 어떻게 대응해야 할까? 절대로 평정
을 잃지 마라. 마음을 차분히 가라앉힌 다음, 적절한 시간과
장소를 골라 자신의 불만을 명확하게 이야기하는 것이 좋
다. 사사건건 비평하고 트집을 잡는 게 정말 필요한 일일까?
절대 아니다! 그런 유혹을 물리쳐라! "그래서 뭐, 어쩌라

고!"그게 무슨 대수야?" 우리에겐 이런 자세가 필요하다.

한마디로, 입 좀 다물어라! 다른 사람들에게 자기 생각을 시시콜콜 들려줄 필요는 없다. 사소한 일을 크게 만들지 말고 대수롭지 않게 넘기는 태도를 길러라. 다음은 우리가 길잡이로 삼을 만한 몇 가지 규칙이다.

- 사소한 일은 사소하게 다루어라!
- 뜬소문은 한 귀로 듣고 한 귀로 흘려 버려라!
- 자신과 관련 없는 일은 모르는 척해라!

때때로 사람들은 그저 대화를 지속하기 위해, 상대방의 쓸데없는 말에 대꾸해 준다. 하지만 그럴 필요가 전혀 없다. 어색한 침묵이 흐르더라도 다른 누군가가 침묵을 깨려고 시도할 테니까. 사람들은 흔히 자기가 대화를 매끄럽게 이어가야 한다고 착각하지만 실상은 그렇지 않다. 잠자코 있으면 다른 사람이 대화를 지속시킬 것이다. 대체로 잡담이나 수다는 끊겨도 상관없다.

왠지 무의미한 대화를 나누게 될 것 같은 직감이 들면, 스스로에게 다음과 같이 질문하라.

- 지금 이 대화의 목적은 무엇인가?

- 이 대화는 내 소중한 시간을 투자할 가치가 있는가?
- 이 대화를 통해 유용한 정보를 교환할 수 있는가?

내 경험상 시간을 때우기 위해 떠는 수다는 크게 문제될 게 없다. 하지만 어떤 사람이 중요한 이야기를 할 것처럼 관심을 끌고선 쓸데없는 소리만 늘어놓는다면 당장 대화를 중단해야 한다.

말실수에는
반드시 대가가 따른다

'말실수'로 인한 끔찍한 경험담을 들어본 적이 있을 것이다. 하필이면 그때, 중요한 정보를 불쑥 말해 버려서 다된 밥에 재를 뿌렸다는 식의 이야기는 수두룩하다. 하나같이 '깜박하고' 비밀을 누설하거나, '무심코' 혹은 '불쑥' 비밀을 내뱉는다. 부적절한 단어를 쓰거나 경솔한 말을 하는 것 자체로는 별다른 문제가 생기지 않는다. 하지만 잘못된 사람이 그 말을 듣게 되면, 심각한 문제가 생길 수 있다.

우리가 적절한 말을 적절한 때와 장소를 골라 말하려고 아무리 노력해도, 의사소통의 복잡성과 애매함 때문에 여러 문제가 발생한다. 우리는 전하려는 메시지가 확실히 전달되었는지, 상대가 그 메시지를 정확하게 이해했는지 확인해야 한다. 다음 사례를 살펴보자.

마이클은 지역의 유명 정치가의 딸을 면접하라는 사장의 지시를 받았다. 사장은 그 정치가의 딸을 채용하고 싶지 않았다. 만에 하나라도 그녀가 업무태만 등의 이유로 해고되면, 정치가는 그것을 빌미로 회사를 쥐락펴락하려 들 터였다. 사장은 정치가가 회사 운영에 개입할까 봐 두려워했고, 결국 의례적으로 면접을 하고 요령껏 떨어뜨리라고 지시했다. 하지만 정치가의 딸을 면접에서 떨어뜨리기는 쉽지 않았다. 정치가는 이사에게 직접 전화를 걸어, 자기 딸을 채용해 달라고 말했다. 청탁을 받은 이사는 사장에게 연락해서 그녀를 고용하라고 지시했다. 사장은 방법을 찾아보겠다고 대답했지만 그의 생각은 조금도 바뀌지 않았다. 사장은 정치가의 딸이 골칫거리가 될 거라고 생각했다. 그녀를 채용하면 환경 제어, 공장 확장을 위한 용지 허가, 공장을 출입하는 차량의 통제 등 지역사회와 관련된 여러 가지 문제를 처리하는 데 부담이 될 터였다. 사장은 마이클에게 "형식적인 면접을 진행한 후, 요령껏 떨어뜨리게"라고 지시하면서 "명심하게. 아무도 눈치채선 안 되네. 그 정치인이 나를 두고 이러쿵저러쿵 떠들어대면 곤란하니까 말이야" 하고 당부했다.

한편 마이클은 이사에게도 연락을 받았다. 정치가의 청탁을 받은 이사가 직접 전화까지 걸어, 정치가의 딸을 반드시 채용하라고 지시했다. 마이클이 그 사실을 전하자 사장은 월권 행위라며 노발대발했다. 사장은 이사가 주제넘게 나서고 있으며, 회사 운영에 지나치게 간섭한다고 화를 냈다. 하지만 사장에겐 힘이 없었다. 사장은 이사의 노여움을 살 생각이 눈곱만큼도 없었지만 정치가의 딸을 채용할 생각은 더더욱 없었다. 사장은 더욱 결심을 굳혔다. 고심 끝에 회사가 원하는 자격요건을 갖추지 못했다는 핑계로 그녀를 떨어뜨리라고 마이클에게 지시했다. 이제 그 문제는 마이클의 어깨에 놓여졌다. 마이클은 그녀를 면접에서 불합격시키는 동시에, 사장이 정치가의 비난을 받지 않게 할 묘책을 떠올려야 했다.

마이클은 이사의 지시를 따르는 척했다. 하지만 의례적인 면접을 진행한 후, 적합한 자리가 없다고 둘러대며 그녀를 떨어뜨렸다. 그녀는 자격을 갖추었는데도 불구하고, 학력과 경력이 "회사가 필요로 하는 요건에 맞지 않다"며 불합격 통보를 받았다. 하지만 마이클은 그녀의 이력서를 따로 보관해 두었다가 차후에 다시 연락할 생각이었다. 어쨌든 그것으로 상황이 종료됐다고 생각했다. 마이클은 자신의 일로 돌아갔고 문제는 일단락되었다.

그로부터 3주 후, 마이클은 엘리베이터 안에서 이사와 마주쳤다. 그는 인사를 건넸고, 이사도 고개를 끄덕여 답했다.

엘리베이터가 다음 층에서 멈췄다. 그런데 공교롭게도 사장이 타는 것이 아닌가. 마이클과 이사, 사장은 서로 인사를 나누었다. 엘리베이터가 내려가기 시작하자 이사가 사장에게 물었다. "그나저나 정치가의 딸은 새 직장에 잘 적응하고 있나? 일은 잘하고 있고?" 사장이 뒤를 돌아보며 대답했다. "이런, 제가 말씀드리지 않았군요. 안타깝게도 그 아가씨는 면접에서 떨어졌습니다. 여기 있는 마이클이 면접을 봤는데, 그녀한테 마땅한 자리가 없었어요. 공석이 생기면 연락해서 다시 면접을 하기로 했습니다."

이사는 벌컥 화를 냈다. "자네가 내 말을 알아들은 줄 알았는데. 무조건 그 아가씨를 채용하라고 분명히 지시하지 않았나? 아무 자리건 상관없네. 도대체 왜 지시를 따르지 않은 건가?"

사장도 얼굴이 벌게져서 대꾸했다. "방금 말씀드렸잖습니까. 마이클이 면접을 했는데, 그녀가 맡을 만한 자리가 없었다고요!"

이사는 마이클을 보며 말했다. "설마 마땅한 자리가 없었다고 보고할 생각이었나? 설마 이 회사에 그녀가 할 수 있는 일이 없을라고? 모르면 몰라도 수십 가지는 될 걸세. 진짜 이유가 뭔가? 아니, 설명이고 뭐고 필요 없네. 당장 그녀에게 전화를 걸어 채용하게. 무슨 일을 맡기건 상관없어. 무조

건 채용하게. 내 말 알아들었나? 채용 제안서 사본을 내 미
결서류함에 넣어 두게. 내일 주지사와 점심 약속이 있는데,
그녀의 아버지도 함께 만날 걸세. 직접 좋은 소식을 전해주
고 싶군."

난처해진 마이클은 사장에게 도움의 눈길을 보냈지만 그는
싸늘한 표정을 지을 뿐이었다. 조금씩 짜증이 밀려왔다. 마
이클은 어쩔 줄 몰라 하다가 불쑥 "그럴 수 없습니다. 사장
님은 정치가의 딸을 채용하고 싶어 하지 않습니다. 그 아가
씨한테 조금만 문제가 생겨도, 정치가의 변호사가 우리를
몰아댈 테니까요"라고 내뱉고 말았다. 사장의 얼굴이 시뻘
겋게 달아올랐다. 엘리베이터가 1층에 멈췄고, 문이 열리자
마자 마이클은 뛰쳐나왔다. 뒤돌아 보니 사장과 이사가 격
한 말다툼을 벌이고 있었다.

마이클은 치명적인 실수를 저질렀고, 그날 밤에 한숨도 못
잤다. 이튿날 출근해 보니 상황은 더 심각해져 있었다. 사장
은 마이클을 실패자로 여기는 듯했다. 아니나 다를까 채 3주
가 지나기 전에 마이클은 해고되었다. 정치가의 딸은 어떻게
되었냐고? 그녀는 결국 채용되었다. 마이클은 그야말로 부
적절한 때에 부적절한 말을 지껄인 대가를 치른 것이다.

나쁜 소식일수록
빨리 퍼진다

회사의 중요한 사업 제휴에 관해 소문을 퍼뜨려 보라. 누구도 관심을 갖지 않을 것이다. 시큰둥해하며, 한 귀로 듣고 한 귀로 흘려 버리는 사람들이 꼭 있다. 반면에 나쁜 소식은 아무리 감추려 노력해도 들불처럼 퍼져 나간다. 그 이유가 무엇일까?

대답은 단순하다. 사람들은 특이한 사건에 관해 듣고 싶어 한다. 그러고 보면 조직개편, 사업 제휴, 출장비 내역서, 경비 보고서 따위에 관한 이야기는 전혀 새로울 게 없다. 그야말로 일상적인 업무니까. 하지만 "영업담당 부사장한테 대학생 아들이 있는데, 마약 소지 혐의로 체포되었다더라" 같은 이야기라면 어떤가, 솔깃하지 않은가? 마약 소지나 체포 같은 사건은 진부한 일상에 관한 이야기가 아니다. 그야말로 따끈따끈한 빅뉴스이다! 이런 소문은 눈부신 속도로 회사 전체에 퍼진다.

　나쁜 소식은 빨리 퍼진다. 사람들은 추잡한 소문에 귀를 쫑긋 세우며, 시시콜콜 알고 싶어 한다. 왜 그러는지는 명확하지 않다. 사람마다 그 이유가 가지각색이다. 어떤 사람은 그런 일이 자신에게 일어나지 않았다는 사실에 안도감을 느끼고 싶어서, 또 어떤 사람은 자기가 소문 당사자보다 더 나은 처지에 있다는 기쁨을 잠시나마 느끼고 싶어서 나쁜 소문을 반긴다.

다시
주워 담을 수 없는 말

대부분의 분야에는 공식 네트워크와 비공식 네트워크가 있다. 먼저 공식 네트워크는 사회가 여러 가지 목적을 수행하기 위해 구축한 것이다. 직장에서는 공식 네트워크를 사용하여 직원들에게 정보를 전달하며, 이는 직원들의 업무 효율을 높여 준다. 공식 네트워크는 승진 발표와 같은 단순한 일부터, 중대한 소송이나 신제품 개발에 관한 회사의 입장을 설명하는 복잡한 일까지 폭넓게 사용된다.

어떤 용도이건 공식 네트워크는 세심하게 통제된다. 공식 네트워크를 통해 전달된 모든 정보는 조직의 방침에 적합하고, 조직의 공식적인 입장을 나타내도록 면밀하게 조율되고 작성하고 수정된 것이다. 지역사회와 교회, 공장이나 회사에서 시장 집무실, 목사, 경영진을 거쳐 나온 모든 정보가 그렇다. 모든 조직은 각종 통신문을 작성할 때 수백만 달러를 쏟아부어 면밀하게 조율한다. 형형색색의 연례 보고서에서 부터 간결한 사내 전언에 이르기까지, 모든 통신문을 작성할 때에는 오해의 소지를 없애기 위해 단어 하나라도 신중하게 선택한다. 공식 네트워크를 통해 나온 정보는 경영진이 전달하려는 메시지를 그대로 담고 있다.

간단한 공고문 하나를 10~12주에 걸쳐 작성하는 것을 본 적이 있다. 공고문에 들어갈 단어 하나, 문장 하나를 철저히 검토하고, 그것을 발표하기 전에 또 다시 10여 명의 직원이 머리를 맞대고 세심하게 조정한다. 공식 네트워크는 철저하고 엄격하게 통제된다. 따라서 공식 네트워크를 거친 정보를 읽을 때는 그것이 의도한 바를 그대로 전달하고 있다고 믿어도 된다. 그것을 읽는 사람들이 내용을 오해할 소지는 전혀 없다.

비공식 네트워크는 '포도덩굴grapevine(입에서 입으로 전해지는 소문, 비밀정보망)'이라고 부르는데 시작과 끝을 알 수 없을 만큼 구불구불 얽혀 있다는 점에서 비슷하기 때문이다. 비공식 정보는 이 사람에서 저 사람으로 쉴 새 없이 전달되다가 더 이상 쓸모없거나 진부해지면 조용히 잊힌다.

비공식 네트워크는 여러 가지 면에서 공식 네트워크보다 강력하다. 공식 네트워크는 의미를 정확하게 전달하기 위해

문자언어, 즉 글에 의지한다. 반면에 비공식 네트워크는 구전口傳에 의지한다. 입에서 입으로 전달되는 정보는 사람들을 거치면서 크게 왜곡되고 과장된다.

비공식 네트워크는 두 가지 이유로 공식 네트워크보다 훨씬 효과적이다. 먼저 앞서 간략히 살펴보았듯이 나쁜 소식은 빨리 퍼진다. 사람들은 평범한 일보단 추잡한 소문을 빨리 퍼뜨린다.

그리고 사람들은 천성적으로 이야기하기를 좋아한다. 한마디로 수다스럽다. 사람들은 기회가 있을 때마다 다른 사람과 대화를 한다. 새로운 이야깃거리가 없을 때, 그야말로 정 할 말이 없을 때에는 어떻게 하냐고? 그럴 땐 날씨에 관해 이야기한다. 사람들은 말하는 걸 무척 좋아해서 하늘 아래 모든 것에 관해 끊임없이 재잘거린다. 이처럼 말하는 걸 좋아하고 말하는 게 지극히 자연스러운 일이기 때문에, 사람들은 자기가 하는 말을 별달리 관리하지 않는다. 그런데 이게 바로 성공을 방해하는 중대한 요인이다.

글을 쓸 때는 초안을 작성한 다음에 수차례 지우고, 바꾸고, 다듬는 등 세심한 주의를 기울인다. 반면에 말을 할 때는 굉장히 경솔하고 부주의하다. 대충 생각나는 대로 지껄이고 얼렁뚱땅 넘기려 한다. 불행하게도 말은 글과 달라서 한번 내뱉고 나면 절대로 취소할 수 없다.

사람들은 대체로 자기가 하는 말의 중요성을 인식하고 있다. 하지만 자기가 내뱉은 말 때문에 곤란한 상황이 되면 아무런 조치도 취하지 않는다. 심지어 자신이 하는 말로 남들에게 평가받는다는 사실을 알면서도 입단속을 하지 않는다. 지금부터라도 말을 하기 전에, 그 말이 어떤 결과를 가져올지 신중하게 따져 보는 습관을 길러라.

면접의 당락을 좌우하는
결정적 실수

말 몇 마디 잘못했다고 면접에서 떨어질까? 그럴 수 있다면 그 이유는 무엇일까? 면접장에서는 사소한 말실수 때문에 불합격하는 사람들이 수두룩하다. 다음 사례는 가벼운 말실수가 유리한 상황을 어떻게 뒤집는지 잘 보여 준다.

유명 대기업 회장이 부사장직 지원자들을 면접하고 있었다. 회사의 모든 인수합병과 신제품 개발을 이끌 수 있는 지식과 능력, 경험을 두루 갖춘 인재를 뽑기 위한 면접이었다. 부사장직에 필요한 자격요건과 지원자들의 이력서를 면밀히 대조하여 몇 명을 추렸고, 몇 개월에 걸쳐 심층 면접을 실시한 끝에 최종 두 명이 남았다. 그리고 그중 한 명이 탈락했는데 시카고가 아닌 동부 연안에서 근무할 수도 있다는 말에 주저하는 눈치를 보였기 때문이었다. 그렇게 해서 끝까지 살아남은 지원자가 회장과 최종 면접을 보게 되었다. 회장은 서둘러 진행하고 싶은 사업이 산적해 있어서 어지간하면 마지막 지원자를 채용하고 싶었다.

면접은 좋은 분위기로 시작했다. 회장은 상당히 흡족했다. 그 지원자는 부사장이 지녀야 할 자질과 능력을 두루 갖춘 재원이었다. 회장이 마지막 질문을 던졌다. 그녀의 대인관계 능력을 알아보려는 것이었다. 그녀는 이전 상사를 '항상 자기가 최종 결정을 내려야 하고, 자기만 옳다고 주장하는 얼간이'라고 깎아내렸다.

그녀의 대답이 크게 문제될 건 없었다. 이전 상사는 지금 면접을 보는 회사와는 전혀 상관이 없으니까. 하지만 회장에게는 채용 결정을 미루고, 그녀의 인품에 대해 좀 더 생각해 보아야 할 충분한 이유가 되었다. '어째서 이전 상사에 대한 불만을 이 자리에서 털어놓았을까? 어쩌면 이건 빙산의 일각일지도 몰라. 언젠가 내가 그녀의 눈에 거슬리는 짓을 하면 내 험담을 동네방네 떠벌리고 다니겠지? 괜한 골칫거리를 채용하는 거 아냐?'라는 고민이 들었다. 회장은 결국 그녀를 불합격시켰다. 그녀는 순간적인 판단착오로 말실수를 하는 바람에 절호의 기회를 날려 버렸다.

시간이 흐른 후에, 회장은 그 면접의 세부사항을 떠올려 보려 했지만 생각나는 게 거의 없었다. 최종 면접자의 학력, 경력, 자질, 능력 따위가 어렴풋하게 떠오를 뿐이었다. 그런데 그녀의 판단력이 부족했다는 사실은 뇌리에 남아 있었다. 회장이 생각하기에 그녀는 치명적인 실수를 저질렀다. 자신의 더러운 빨랫감을 스스로 내보인 것이다. 그녀의 이전 상사가 정말로 얼간이였다고 해도, 초면인 데다 장래의 상사가 될 수도 있는 사람 앞에서 이전 상사를 비난하는 실수를 저지르다니!

이 이야기를 통해 알 수 있듯이, 사람들은 우리가 하는 말로 우리를 판단한다. 이것은 삶의 보편적인 원칙이다. 누구도 이 원칙에서 벗어날 수 없다. 말하는 것을 보면 사람을 알 수 있다. 말은 그 말을 하는 사람의 진짜 모습을 가감 없이 보여 준다. 그 사람의 인격과 성품을 짐작할 수 있는 열쇠인 것이다. 프랑스어든 중국어든 영어든 어떤 언어로 말하는가는 중요하지 않다. 정말로 중요한 것은 상대방에게 자신이 하는 말의 의미를 정확하게 전달하고, 어떠한 말실수도 하지 않는 것이다.

말은 말하는 이의 진정한 내면을 알 수 있는 단서를 제공한다. 그 단서의 조각들이 모이면 인간성이라는 모자이크가 완성된다. 사람들은 우리가 하는 말로 우리의 '진짜 모습, 진정한 내면'을 간파한다. 우리가 하는 말로 우리의 이미지가 형성되고 성공이 결정된다.

어떤 사람이 말하는 것을 보면 밝고 영리하며, 재치 있고 열심히 사는 사람이라는 느낌을 받는다. 혹은 그가 어리석고 우둔한 데다 유치하고 교양 없고 경솔한 사람이라는 느낌을 받을 수도 있다. 말은 다른 형식으로는 전달할 수 없는 메시지를 전달한다. "옷을 차려 입힐 수는 있지만, 외출 시킬 수는 없다"는 말을 들어본 적이 있는가? 남성 패션잡지 《GQ》나 여성 패션잡지 《보그》에서 걸어 나온 것처럼 멋지게 빼입더라도, 몇 마디 말실수 때문에 상대방의 환심을 사지 못한다면 아무리 치장을 해도 소용없다.

면접에 성공하는
10가지 방법

구직 과정에서 가장 중요한 부분은 개인면접이다. 면접관과 1:1로 얼굴을 마주보고 앉으면 지원자는 아주 만만한 공략대상이 된다. 면접관의 머릿속에는 "이 지원자에게서 최대한 많은 정보를 얻어 내야 한다"는 단 하나의 목표밖에 없다. 학력, 경력, 성과 같은 사실정보는 지원자의 이력서에 이미 적혀 있다. 훌륭한 면접관은 이미 알고 있는 정보에 관해 이야기하느라 아까운 시간을 허비하지 않는다.

훌륭한 면접관은 지원자의 마음가짐과 패기와 포부를 본다. 그가 지닌 열정과 욕구, 지적 호기심을 살피고 그밖에 다양한 개인적 특성을 파악하려고 집중한다. 이런 것들이야말로 지원자의 진면목을 엿볼 수 있는 단서들이기 때문이다. 면접관은 지원자가 마음을 터놓고, 본래의 모습을 드러내게 하려고 탐색 전략을 구사한다. 지원자가 질문에 대답하는 태도, 어떤 말을 어떤 식으로 하는가를 토대로 면접관은 채용 여부를 결정한다. 합격하느냐 혹은 불합격 통보를 받느냐가 여기서 갈리는 것이다.

구인광고를 뒤지고 수십 통의 이력서와 구직 메일을 보낸 끝에, 드디어 면접을 보러 오라는 연락을 받는다. 하지만 전문직 종사자가 아닌 한, 지원자의 운명은 인사 담당자 한두 명의 손에 달려 있다. 이들은 직원을 뽑는 데 도가 튼 사람들로, 수많은 면접을 진행하며 수많은 지원자를 심사해온 사람들이다. 자, 어떻게 하면 이 난관을 뚫을 수 있을까? 면접관은 다양한 기술과 수법을 사용한다. 여러분은 그것들 중 몇 가지나 알고 있는가?

면접 질문 이해도

다음 질문을 읽고 "예/아니오"로 답하고, "예"라고 대답할 때마다 1점씩 더해 보라.

1. 나는 면접관이 신뢰관계를 형성하려고 구사하는 기술을 잘 알고 있다.
2. 나는 개방형 질문과 직접적 질문(폐쇄형 질문)을 구별할 수 있다.
3. 나는 면접관이 구사하는 탐색 전략을 잘 알고 있다.
4. 나는 면접관이 곤란한 질문을 던지며 압박면접에 돌입하면 곧장 알아챌 수 있다.
5. 나는 면접관이 침묵을 통해 무엇을 하려는지 알고 있다.

6. 나는 면접관이 중요한 정보를 알아내려고 사용하는 삼각화triangularization 기술을 알고 있다.

7. 나는 내가 받는 질문의 유형을 통해 가설검증hypothesis testing의 표현과 용도를 알아챌 수 있다.

8. 나는 면접관이 구사하는 반영적 질문과 해석적 질문의 유형을 알고 있다.

9. 면접관은 내가 질문에 대답하는 방식을 눈여겨보고 나름대로 해석한다. 나는 그 점을 알고 있으며 어떻게 대답하면 내게 유리하거나 불리할지 알고 있다.

10. 나는 면접관의 질문에 어떻게 대답해야 현명하고 지적인 인상을 줄 수 있는지 알고 있다.

여러분의 점수는 몇 점인가? 만점을 받지 못하면 면접에서 떨어질 가능성이 높다. 면접을 수없이 많이 봤지만 여태 합격하지 못했다고? 그렇다면 면접 상황에서 벌어지는 여러 가지 일을 제대로 이해하지 못했기 때문일 수 있다. 다음은 구직 면접 과정을 이해하는 데 유용한 조언들이다.

1 면접관의 칭찬을 경계하라

나는 면접관이 신뢰관계를 형성하려고 구사하는 기술을 잘 알고 있다.

훌륭한 면접관은 지원자와 친밀한 관계를 형성함으로써 면접을 시작한다. 이를 '관계 형성'이라고 하는데 여기엔 두 가지 이유가 있다. 먼저 면접관은 지원자가 긴장을 풀고 편안한 마음으로 면접에 임하기를 바란다. 그래야만 자신이 원하는 정보를 솔직하게 털어놓을 테니까.

　노련한 면접관은 "오늘 어떻게 지냈습니까?"라든가 "밖에 날씨가 어떻습니까?" 따위의 형식적인 인사는 하지 않는다. "근사한 넥타이네요." "블라우스 색상이 참 예쁘네요"처럼 보다 개인적인 차원의 인사를 건넨다. 인간적으로 다가가면 지원자는 자신이 좋은 첫인상을 주었다고 마음을 놓는다. 그러고는 면접관이 원하는 정보를 거리낌 없이 이야기한다. 인간적으로 다가서는 것은 우호적인 관계를 형성하는 좋은 방법이다. 하지만 지원자는 이때 조심해야 한다. 합격과 불합격이 면접관의 손에 달려 있음을 한시도 잊지 말아야 한다. 면접관의 칭찬에 화답하는 한편, 말하지 않아도 될 정보까지 털어놓지 않도록 정신을 바짝 차려라.

2　머릿속에 떠오른 대답을 신중하게 검토하라

나는 개방형 질문과 직접적 질문(폐쇄형 질문)을 구별할 수 있다.

면접관이 사용할 수 있는 질문의 유형은 매우 다양하다. 하지만 대부분의 면접관은 두 가지 질문 유형을 주로 사용한다. 바로 직접적 질문과 개방형 질문이다. 직접적 질문은 단순히 "예/아니오"로 대답할 수 있으며 크게 주의할 점은 없다. 문제는 개방형 질문이다. 이 질문 유형은 면접에서 가장 자주 사용되는데, 지원자가 마음을 열고 자신을 솔직하게 드러내게끔 유도한다. 면접관은 지원자가 솔직하고 자세하게 이야기하길 바란다. 지원자가 자진해서 정보를 제공해 준다면 더없이 좋을 것이다. 정신을 바짝 차려라! 아무 생각 없이 재잘대선 안 된다! 질문을 충족시킬 정도만 답변하고 그 이상의 정보를 늘어놓지 말고, 부정적으로 해석될 소지가 큰 정보로 자신을 드러내는 위험은 피하라.

　개방형 질문을 받으면 자신의 대답을 신중하게 검토해 보라. 어떤 경우에도 머릿속에 떠오른 대로 말하면 안 된다. 자신의 생각에 번호를 매겨서 조리 있게 말하라. 예를 하나 들어 보자. 면접관이 "자네는 대기업에서 일하는 것에 대해 어떻게 생각하나?"라고 물었다. 그 회사가 대기업이라면 회사의 규모에 대해 긍정적인 답변을 해야 한다. 이를테면 "대기업에서 일하면 세 가지 이점이 있다고 생각합니다. 먼저 지속적인 성장기회를 얻고, 다양한 업무경험을 쌓을 수 있습니다. 또한 유명한 회사에 다니므로 친구나 친척, 동료들의 신망을 얻을 수 있습니다. 마지막으로 저는 특히 이 회사에 큰 관심을 갖고 있는데 업계에서 평판이 좋기 때문입니다"라고 대답하는 것이다. 이런 대답을 듣는다면 면접관은 상당히 흡족해할 것이다.

　하지만 아직 안심하기엔 이르다. 면접관이 뜬금없이 "물

론 우리가 큰 회사긴 하지만, 엄밀히 말하면 대기업의 자회

사일세. 소규모 회사와 다를 게 없지. 사실 우리는 우리 회사

가 영세 자영업체라고 생각한다네"라고 말한다면?

맙소사, 이제 와서 입장을 번복할 수도 없고 어떻게 해야

할까? 머릿속으로 대답을 면밀히 검토한 다음에 어떻게 대

처할지 결정하라. 처음 의견을 고수하면서 그 회사가 대기업

의 자회사임을 이미 알고 있었다는 사실을 알려야 한다. 이

를테면 "저도 이 회사가 XYZ 기업의 자회사라는 사실을 알

고 있습니다. 그렇기 때문에 이 회사에서 일하면 대기업과

소기업의 장점을 모두 누릴 수 있다고 생각합니다. 팀에 합

류해서 제 능력을 충분히 발휘할 수 있는 데다 XYZ 같은 유

명한 일류 기업의 일부가 되어 각종 혜택을 누릴 수 있으니,

그야말로 일거양득 아니겠습니까?"라고 대답하는 것이다.

3   면접관의 질문을 듣고 다음 질문을 예측하라

나는 면접관이 구사하는 탐색 전략을 잘 알고 있다.

면접관 앞에 앉는 순간부터, 지원자는 질문의 표적이 된

다. 면접관은 처음부터 곤란한 질문으로 지원자를 압박하지

않는다. 초반에는 칭찬을 하는 등 관계를 형성하는 데 주력

한다. 한마디로 살살 다룬다. 하지만 조심하라. 면접관이 아

무 뜻 없이 던지는 질문은 없으니까.

대다수 면접관은 미리 질문의 내용과 순서를 정해 둔다. 면접을 어떻게 진행할지 일종의 지침을 마련해 두는 것이다. 이를 탐색 전략이라고 한다.

노련한 면접관은 "자네가 자란 지역에 대해 말해 보게." "언제 대학에 진학할 결심을 했나?" "어떻게 그런 결정을 내리게 됐지?" 같은 기초적인 질문부터 시작한다. 대화가 무르익으면서 지원자가 지원한 직위와 업무로 질문의 범위를 점점 좁혀 간다. 지원자는 면접에 성공하려면 질문의 진행 방향, 즉 다음 질문을 예측할 수 있어야 한다. 가령 면접관이 "지금부터 5년 후에, 자네는 어느 위치에 있고 싶은가?" 하고 묻는다면 면접관의 다음 질문은 무엇일까? 면접관은 분명 "그렇게 되기 위해 현재 어떤 노력을 하고 있는가?"라고 물을 것이다. 그리고 아마도 세 번째 질문은 "그 목표를 달성하지 못한다면 어떻게 할 것인가?"일 것이다.

4 대답을 철저히 준비해서 적임자라는 느낌을 심어 줘라

나는 면접관이 곤란한 질문을 던지며 압박면접에 돌입하면, 곧장 알아챌 수 있다.

단순한 질문에서 대답하기 곤란한 질문으로 바뀌면 쉽게 알아챌 수 있다. 노련한 면접관은 지원자가 몇몇 질문에 대한 답변을 미리 준비해 둔다는 사실을 안다. 대표적으로 이전 직장에 관한 질문에는 몇 가지 모범 답안이 존재한다. 지원자들은 경력 공백에 대한 완벽한 사유를 이미 만들어 놓았다. 이전 직장을 그만둔 이유는 달달 외울 정도다. 임금 인상 속도가 더딘 것이나 실적이 부진했던 것에 대해서도 적절한 답변을 마련해 두었다. 그러다가 면접관이 "우리 회사에서 자네의 능력과 경험을 어떻게 활용할 생각인가?"라고 묻는다면, 그때가 바로 곤란한 질문으로 전환되는 시점이다.

곤란한 질문에 효과적으로 답하려면 철저하게 준비한다. 지원자는 그 회사가 벌이는 사업, 동종 업계의 경쟁사, 해당 직위나 업무에 필요한 역량과 기술, 경험은 물론이고 구체적인 지식과 광범위한 정보 등을 꿰고 있어야 한다. 고용주가 대답하기 어려운 질문을 던지기 시작하면 지원자는 자신이야말로 준비된 인재임을 그의 뇌리에 각인시킬 대답을 해야 한다.

그렇게 하려면 미리 철저히 준비하는 수밖에 없다. 자신이 지원한 회사, 직위, 업무에 대해 가능한 한 많은 정보를 알아내서 일련의 질문에 조리 있게 대답하라. 임기응변으로 적당히 얼버무릴 생각은 접어라. 그랬다간 초반부터 면접관에게 불합격자로 낙인찍힌다. 직위에 대해 잘 모른다는 사실을 드러내지 마라. 사실에 근거한 정보가 아니면 꺼내지 마라. 자신이야말로 해당 직무를 성공적으로 해낼 경험과 지식, 능력을 갖춘 적임자임을 확실히 각인시킬 수 있는 말만 해야 한다. 그렇지 않은 말을 하면 십중팔구 탈락의 고배를 마시게 될 것이다.

5 면접관이 침묵할 때 회사나 업무에 관한 질문을 던져라
나는 면접관이 침묵을 통해 무엇을 하려는지 알고 있다.

면접관은 종종 면접을 진행하다 말고 침묵한다. 지원자에게 질문을 던지지 않고, 의도적으로 입을 다물어 휴지休止를 둔다. 이는 침묵의 기술을 사용하여 지원자가 면접을 주도하도록 유인하는 것이다. 이때 생각 없이 아무 말이나 지껄이지 마라. 자발적으로 자신에 관한 정보를 제공해서는 안 된다.

침묵의 시간을 활용하여 면접관에게 몇 가지 적절한 질문을 던져라. 자신이 지원하는 회사나 직위, 업무에 관한 질문이 좋다. 근로 조건, 급여 같은 극히 개인적으로 궁금한 질문은 절대 금물이다. 면접을 볼 때에는 어떤 경우에도 그런 주제들을 꺼내서는 안 된다. 지원자에게 관심이 있으면 회사가 알아서 그런 정보를 제공할 것이다.

6   최대한 적게 말하고 처음에 말한 내용을 고수하라

나는 면접관이 중요한 정보를 알아내려고 사용하는 삼각화 기술을 알고 있다.

노련한 면접관은 지원자가 중요한 정보를 숨기고 있음을 한눈에 간파한다. 면접관이 특정 주제를 캐물을수록 지원자는 애매하게 대답하며 얼렁뚱땅 넘기려 한다. 면접관은 지원자가 불안해하며 제대로 된 정보를 제공하지 않고 있음을 간파하고 예정된 질문을 하지 않는다. 하지만 절대로 안심해선 안 된다. 잠시 후 면접관은 표현을 바꾸어서 다시 예정된 질문들을 던질 테니까. 이러한 수법을 삼각화(클린턴의 선거 참모를 지낸 딕 모리스가 만들어 낸 조어이다. 민주당이나 공화당의 것이 아닌 제3의 대안을 찾아내야 함을 뜻한다. 삼각형의 아랫변 좌우 꼭짓점 중 하나를 선택할 게 아니라 위쪽 꼭짓점에 해당하는 정책을 펼쳐야 한다는 것을 뜻한다)라고 한다.

예를 들어 보자. 제임스는 실적이 부진하여 다니던 직장을 그만두었지만 면접관 앞에선 대규모 인원 감축 때문이었다고 설명했다. 면접관이 감축의 규모가 어느 정도였냐고 물었지만, 제임스는 그저 대대적인 감원이 단행되었고, 자신은 그때 해고된 많은 사람들 중 하나일 뿐이라고 둘러댄다. 사실은 실적 부진 때문에 몇몇 직원만 해고되었다고 어떻게 면접관에게 이실직고 하겠는가? 제임스가 다니던 회

사는 무능한 직원들을 쫓아내려고 감원이라는 미명 아래 구
조 조정을 단행했고 그는 불행히도 거기 포함되었다. 하지
만 노련한 면접관은 제임스가 뭔가 감추고 있음을 눈치채고
삼각화 전략을 구사한다. 진실을 알아내기 위해 질문을 달
리 하고, 다른 방향에서 접근하는 것이다. 삼각화 전략에 넘
어가지 않으려면 어떻게 해야 할까? 되도록 말을 줄이고 자
신은 "대규모 감원의 희생자이며, 감원의 규모는 정확히 알
수 없다"는 처음 이야기를 고수하는 수밖에 없다.

7   면접관의 질문 뒤에 숨은 의미를 깨달아라

나는 내가 받는 질문의 유형을 통해 가설검증의 표현과 용도를 알 수
있다.

압박 면접이 시작되면, 면접관은 더욱더 신랄하고 까다로운
질문을 던진다. 면접관은 대다수 지원자가 본모습을 숨기고
있음을 알고 있다. 지원자가 자신에 관해 드러내는 모습은
빙산의 일각일 뿐이다. 그래서 면접관은 끊임없이 지원자에
관한 가설을 세운 다음, 신랄한 질문을 던진다. 지원자가 본
모습을 드러내게 함으로써 자신의 가설을 검증하는 것이다.
가설을 세울 때에는 지원자의 이력서나 입사지원서에 기재
된 정보를 토대로 한다. 이를테면 다음과 같은 방식으로 가

설 검증이 이루어진다.

토니는 영업직에 지원했다. 영업직은 자발성과 진취성이 필요한 자리이다. 면접관은 다음과 같은 가설을 세우고, 그것을 토대로 일련의 질문을 계획한다. 그의 가설은 '토니는 자발적이진 않지만 잘만 키우면 괜찮은 영업사원이 되겠어'라는 것이다. 토니의 대답은 가설을 뒷받침하기도 하고 부정하기도 한다. 면접관이 던지는 대다수 질문은 이러한 가설을 검증하기 위한 것이며, 지원자의 답변은 자신에게 유리하거나 불리하게 작용한다. 가설 검증이 무엇인지 좀 더 확실하게 이해하고, 면접관의 질문 이면에 숨은 의미를 깨닫기 위해 또 다른 예를 살펴보자.

잭은 영업부장 자리를 구하고 있었다. 그는 마케팅을 전공한 데다 MBA 과정을 밟고 있었는데, 구직 현장에서 딜레마에 빠지게 된다. 잭은 영업부장직에 지원할 만한 이렇다 할 경력이 없었다. 그리고 경력이 없으니 영업부장으로 취직할 수가 없었다. 그야말로 진퇴양난에 빠진 것이다. 이 난관을 어떻게 뚫을 수 있을까? 어떻게 하면 영업부장직에 지원할 기회를 얻을 수 있을까? 고민 끝에 잭은 비서직에 지원한다. 거기에는 일단 비서로 입사하고 나면 회사의 내부승진 계획에 따라 1~2년 내에 전문적인 직위로 올라갈 수 있다는 계산이 깔려 있었다.

면접관은 비서직 면접을 진행하면서 다음과 같은 가정을 세운다. '잭은 마케팅 전공자니까 정말로 비서가 되고 싶은 게 아닐 거야. 비서직을 발판 삼아 더 높은 직위로 올라가려는 거겠지.' 이런 취업 전략은 현실적이긴 하지만 인사 담당자로선 썩 환영할 만한 전략이 아니다. 인사 담당자는 비서의 이직률이 높은 것이 달갑지 않기 때문에, 오랫동안 비서로 일할 사람을 채용하고 싶어 한다. 면접관은 그런 가정에 따라 몇 가지 질문을 마련한 다음, 잭을 집중 공격한다.

지원자는 면접관이 어떤 기술을 사용하는지 알면 그가 퍼붓는 모든 질문에 현명하게 답함으로써 위기를 모면하고, 합격할 수 있다. 바로 이 시점에서 입단속이 효과를 본다. 그렇다면 구체적으로 어떻게 대응해야 할까?

앞서 말했듯이 면접관은 잭이 비서직에 지원한 진짜 목적을 알아내려고 온갖 질문을 퍼붓는다. 하지만 잭은 끝까지 "비서가 되고 싶다"고 말해야 한다. 언제부터 비서의 꿈을 키웠느냐고 물으면 "아주 오래전부터"라고 대답하라. 왜 비서가 되고 싶으냐고 물으면 "비서의 업무와 근무 시간이 마음에 들어서"라고 대답하라. 면접관이 어떤 질문을 던져도 처음 주장, 즉 자신이 꾸며 낸 이야기를 고수해야 한다. 그리고 '진심으로 비서가 되고 싶으며, 어떤 꿍꿍이도 없다'는 점을 확실히 보여 주어야 한다.

마케팅 전공을 살려 영업부장직에 지원하고 싶다고 당장이라도 털어놓고 싶은가? 절대 안 된다. 자존심은 잠시 접어두고 끝까지 처음 이야기를 고수하라. 그러면 면접에 합격하는 기쁨을 맛볼 것이다. 이게 잭이 성공할 수 있는 최선의 방법이자 유일한 방법이다.

8   자신에 대한 부정적인 정보를 제공하지 마라

나는 면접관이 구사하는 반영적 질문과 해석적 질문의 유형을 알고 있다.

면접관은 지원자가 속내를 털어놓도록 유도하려고 반영적 질문을 한다. 반영적 질문은 지원자가 한 말의 일부를 면접관이 반복하거나 바꾸어 되묻는 질문이다. 반영적 질문은 효과가 매우 강력하므로 지원자들은 각별히 주의해야 한다. 가령 지원자가 "상사와 저는 끊임없이 알력 다툼을 벌였죠. 그러다가 상황이 무척 나빠졌어요"라고 말한다고 치자. 면접관은 구체적인 상황을 알고 싶어서 "이전 상사와 불화가 심했군요?"라고 되묻는다. 조심해라! 자칫하면 반영적 질문의 함정에 빠져서, 상사와의 불화 내용을 주절주절 늘어놓을 수도 있으니. 그건 그야말로 자기 무덤을 파는 짓이다. 반영적 질문의 함정에 빠지지 않으려면 애초에 어떤 부정적인 정보도 흘리지 말아야 한다. 면접관은 사소한 실마리도 놓치지 않고 질문 공세를 퍼부을 테니까.

해석적 질문은 좀 더 다루기 어렵다. 면접관은 지원자의 말에만 기대지 않고 그의 반응까지 해석한다. 지원자가 한 말을 종합한 후, 나름대로 해석하는 것이다. 면접관은 그렇게 해서 어떤 문제를 좀 더 깊이 다루려고 한다.

가령 면접관은 "자네가 상사와 알력 다툼을 벌인 것은, 그가 자네보다 먼저 승진했기 때문일 수도 있겠군?"이라고 물을 수 있다. 그렇게 해석하기까지 면접관은 지원자에 관한 정보의 조각들을 짜 맞추었을 것이다. 어쨌든 면접관의 해석이 맞다면 지원자는 질문을 회피하기 어려울 것이다.

그런 상황을 벗어나려면 어떻게 해야 할까? 긴장하지 말고 침착함을 유지해라. 괜히 방어적인 자세를 취할 필요는 없다. 면접관의 짐작이 맞다면 지원자는 "맞습니다. 제 상사는 저보다 먼저 승진했습니다. 하지만 그는 관리자로서 유능했기 때문에 제가 많이 배웠습니다. 우리가 줄다리기를 벌였던 문제들은 통상적인 업무 논의나 의견 교환일 뿐이었습니다. 저는 기본적으로 상사와 사이가 좋았고 서로를 존중했습니다"라고 말함으로써 타격을 최소화할 수 있다. 그리고 다음번에는 절대로 해석의 여지를 남기지 않도록 주의한다. 한 번 더 말하지만 애초에 부정적인 정보를 제공하지 마라. 조심하지 않으면 스스로를 궁지에 몰아넣게 될 것이다.

9 평정을 잃지 말고 간결하고 명확하게 대답하라

면접관은 내가 질문에 대답하는 방식을 눈여겨보고 나름대로 해석한
다. 나는 그 점을 알고 있으며 어떻게 대답하면 내게 유리하거나 불리
할지 알고 있다.

면접관은 질문을 던진 다음, 지원자의 대답을 경청하며 반
응을 유심히 관찰한다. 또한 말의 의미를 바꿀 수 있는 미묘
한 뉘앙스나 제스처를 포착하려고 노력한다. 지원자의 억양
과 어조, 몸짓과 표정, 사용하는 단어는 대답의 진실성을 높
일 수도, 떨어뜨릴 수도 있다.

　면접관은 면접을 진행하는 동안 지원자에 대한 자료를 수
집하고 판단한다. 하지만 개인적인 편견과 선입관이 개입되
면 잘못된 판단을 내릴 수 있다. 남을 판단하는 것은 인간의
본성이다. 인간은 짧은 시간 안에 다른 사람을 판단해 버린
다. 면접관의 주관과 지원자의 인상이 합격 여부를 결정하
는 데 크진 않지만 약간의 영향을 미치기는 한다. 따라서 우
리는 사실에 근거한 정보로 높은 점수를 받기 위해 노력하
는 것은 물론이고 면접관에게 긍정적인 인상을 주기 위해서
도 노력해야 한다.

　첫인상은 굉장히 중요하다. 합격에 필수요건은 아니지만

좋은 인상을 심어 줘서 손해를 볼 일은 없다. 그런데 앞서 말했듯이 첫인상은 극복하기 어렵긴 하지만 오래 가지는 않는다. 그보단 우리가 하는 말이 면접관이 판단을 내리는 데 토대가 된다.

면접관은 긍정적인 것보단 부정적인 것에 좀 더 주의를 집중하는 경향이 있다. 열 가지를 잘해도 한 가지 흠이 모든 것을 상쇄해 버린다. 부정적인 요소를 아예 없애거나 최소한으로 줄여라. 면접관의 마음을 사로잡으려고 노력해라. 그렇게 하는 가장 좋은 방법은 어떤 질문에도 평정을 잃지 말고, 간결하고 명확하게 대답하는 것이다.

10 적절한 말을 적절한 말투로 하라.

나는 면접관의 질문에 어떻게 대답해야 현명하고 지적인 인상을 줄 수 있는지 알고 있다.

면접관의 질문에 대답할 때는 다음 기준을 충족시켜야 한다. 첫째, 문법에 맞는 문장을 구사할 것. 둘째, 질문에 구체적이고 명확하게 대답할 것. 셋째, 욕이나 속어·은어·진부한 표현을 쓰지 말 것. 넷째, 솔직하게 대답한다는 인상을 줄 것. 마지막으로 지적이고 현명한 인상을 줄 것. 이들 조건을 충족시키는 것은 어렵지 않다. 대답할 때 첫째, 둘째, 셋째,

이런 식으로 순서를 매겨서 말하면 쉽게 조건을 충족시킬 수 있다.

　요컨대 구직 면접에서 합격하고 싶다면 대인관계 기술을 최대한 활용해야 한다. 면접을 진행하는 동안 면접관은 지원자에 대한 자료를 모으면서 끊임없이 판단한다. 지원자가 하는 모든 말은 채용 여부에 영향을 미친다. 적절한 말을 적절한 말투와 어조, 속도로 이야기하면 합격은 떼어 놓은 당상이다. 이에 더해 지원자는 면접관에게 좋은 인상을 주려고 노력해야 한다. 자신이 업무를 잘 해낼 수 있는 성격과 인품, 능력과 자질을 두루 갖춘 인재임을 면접관에게 알려라.

자신의 가치를 높이는
회의 대화법

거의 모든 회사에서 회의는 생활양식의 하나가 되었다. 월요일 아침에 하는 직원회의를 비롯해 점심회의, 주간 점검 회의, 운영검토 회의, 예산회의, 영업회의, 그리고 회의 일정을 잡기 위한 회의까지 회의가 줄줄이 잡혀 있다. 짧은 회의가 있고 긴 마라톤 회의가 있다. 꼭 필요한 회의가 있는가 하면 시간낭비인 회의도 있다.

경력 개발의 관점에서 볼 때 우리는 모든 회의에서 이득을 챙길 수 있다. 적절한 말을 적절한 방식으로 한다면 조직에서 자신의 지위를 향상시킬 수 있다. 회의 주제는 금세 잊힌다. 하지만 회의에서 우리가 한 말과 행동은 다른 참석자들의 뇌리에 깊숙이 새겨진다.

사람들은 회의할 때와 일대일로 만날 때에 동일한 방식으로 행동하지 않는다. 위의 자가진단 결과만 보아도 알 수 있듯이, 사람들은 일대일로 이야기할 때보다 회의 상황에서 훨씬 더 큰 압박감을 받는다. 단 둘이 대화할 때는 차분하고 상냥하며 분별 있게 행동한다. 그러다가 제삼자가 끼어들어 둘 중 한 사람을 지지하면 모임의 성격이 완전히 바뀐다. 2대 1로 편이 갈리면서 두 명은 좀 더 공격적인 태도를, 한 명은 좀 더 방어적인 태도를 갖게 된다. 여기에 또 한 명이 끼어들면 사람들은 태도가 전혀 달라진다.

모임의 규모가 커질수록 사람들은 더 큰 압박감을 느낀다. 둘만 있을 땐 말이 술술 나오는데, 사람이 하나둘 늘어나면 말을 꺼내기가 영 쉽지 않다. 모임의 규모가 커지면 그에 따른 역학관계가 바뀐다. 상사까지 참석하면 회의는 이전과는 전혀 다른 양상을 띤다.

회의에 상사가 참석하면 사람들은 그가 없을 때와는 전혀 다른 말을 한다. 규칙을 지키고 상사의 리더십에 복종하는 등 좀 더 예측이 되는 행동을 하기 시작한다. 어느 누구도 자기 생각을 솔직하게 말하지 않는다. 일대일 회의에서처럼 자유분방하게 대화하지 않고, 아주 질서정연하게 대화를 나눈다. 조직의 핵심인물들이 회의의 분위기와 방향을 결정한다.

적절한 토론의 장이 형성될 때까지 기다리라는 말이 있다. 적절한 토론의 장은 모임의 규모와 인적 구성에 좌우되며,

나의 회의 태도 테스트

다음 문장을 읽고 각자 자신의 회의 태도를 점검해 본 후 "그렇다/아니다"로 답하라.

1. 나는 다른 사람이 내 의견을 물을 때에만 말한다.

2. 나는 내 생각을 거의 말하지 않는다.

3. 나는 모든 질문에 솔직하고 충실하게 대답하려고 노력한다.

4. 나는 다른 사람들에게 질문하지 않는 편이다.

5. 나는 상사의 생각이나 아이디어만 지지한다.

6. 나는 다른 사람들의 의견에 힘을 실어 주지 않는다.

7. 나는 회의에 크게 기여하지 않는 편이다.

8. 다른 사람들이 말하고 나는 듣기만 하는 게 편하다.

9. 나는 뭐가 어떻게 돌아가는지 잘 모르겠지만, 다른 사람들은 회의 진행 상황이나 분위기를 잘 알고 있는 것 같다.

10. 문제를 해결하기 위해 꼭 회의를 해야 할까? 쉽고 간단한 해답을 찾기엔 문제들이 너무 복잡하다.

11. 나는 절대로 다른 사람의 의견에 이의를 제기하지 않는다. 설사 잘못된 점을 발견해도 잠자코 있다.

12. 나는 반대에 부딪치면 주장을 관철시키려고 노력하기보단 주장을 철회한다.

13. 나는 다른 사람의 의견이 미숙하더라도 입증해 보라고 요구하지 않는다.

14. 나는 어떤 사람의 의견을 강제로 통과시키는 일은 하지 않는다.

15. 어렵고 까다로운 문제는 일대일로 만나서 해결하는 게 더 좋다.

16. 이해가 안 가는 부분이 있으면, 추가 설명을 요청하기보단 그냥 넘어간다. 바보 같아 보일 수도 있으니까.

말하는 습관을 바꿔라

태도는 자신의 가치를 떨어뜨린다.

　회의 참석자들의 태도나 행동은 그야말로 각양각색이다. 중요한 것은 회의 안건으로 오른 단기적인 문제와 자신이 얻고자 하는 장기적인 목적을 구분하는 것이다. 단체 회의 참석자들의 관심은 두 가지로 나뉜다. 당면 문제를 해결하는 데 주의를 집중하는 사람들이 있는가 하면, 회의를 통해 입지를 다지려는 약삭빠른 사람들도 있다.

　그렇다면 우리는 어디에 관심을 집중해야 할까? 우리는 자신의 태도를 점검하고 개선하는 데 힘써야 한다. 회의 테이블에 놓인 각종 문제는 대개 회의실 밖에서 당사자들끼리 대화를 통해 해결된다. 나는 '회의 중에 내가 한 말과 행동이 다른 사람들의 기억에 어떻게 남을까'에 가장 큰 관심을 기울인다. 앞서 지적했듯이 시간이 흐르면 회의 쟁점은 잊혀도, 회의에서 내가 한 말과 행동은 참석자들의 머릿속에 깊숙이 박혀 '절대로' 지워지지 않는다.

회의를 성공으로
이끄는 기술

모든 전문직 종사자들은 자신만의 회의 기술을 갖추어야 한다. 성공의 사다리를 올라갈수록 더 많은 회의에 정기적으로 참석하게 된다는 연구 결과가 있다. 회의에서 성공하는 데 필요한 기술은 대인관계 기술의 연장선상에 있다. 대인관계 기술은 오히려 회의를 할 때 훨씬 더 필요하고 중요한 기술이다.

속내를 드러내고 생각을 솔직하게 말하는 위험을 무릅쓰지 마라. 신중하게 판단해서 자신의 말을 통제하는 것은 훌륭한 회의 기술 중 하나다. 최상의 이익을 얻을 수 있도록 적절한 말을 적절한 방식으로 해야 한다.

하지만 그것만으론 충분치 않다. 다른 사람들이 우리의 말을 어떻게 해석하는가도 회의의 효과성에 중대한 영향을 미친다. 살다 보면 말이 행동보다 더 중요한 경우가 있다. 믿을 수 있는 사람이냐, 아니냐가 오로지 입에 달려 있는 것이다. 여러분은 어떤 사람인가? 항상 100퍼센트 진실만을 말하는가? 자신이 하는 말의 반만 진실인지, 극히 일부만 진실인지 생각해 보라. 여러분은 동료들에게 신뢰받는 사람인가? 오늘날에는 누군가의 신뢰를 얻기도 어렵고, 누군가를 신뢰하기도 어렵다.

회의를 할 때 사람들은 다른 사람이 듣고 싶어 하는 말만 한다. 꿍꿍이속이 있으며, 자신의 이익을 위해 음모를 꾸민다. 자신의 견해를 솔직하게 말하는 사람은 극히 드물다. 어째서 그럴까? 생각을 솔직하게 밝히는 것은 대체로 위험하다. 조직에서 자신이 차지하고 있는 지위와 평판이 위태로워질 수 있기 때문이다. 회의를 할 때 보면 어떤 사람들은 허풍을 떨거나 과장해서 말한다. 반면에 어떤 사람들은 그야말로 절제의 대가 같다. 신뢰할 수 있는 사람과 그렇지 않은 사람을 우리는 금방 가려낼 수 있다.

우리가 한 말이 사실이 아닌 걸로 밝혀졌다고 치자. 그런 일이 처음이라면 대다수 사람들은 선의로 해석하고 넘어간다. 그런데 또 다시 그런 일이 벌어진다면 우리는 상당히 불리한 입장이 된다. 앞으로 어떤 말을 해도 사람들은 의심의 눈초리를 보낸다. 우리의 신용이 위태로워진 것이다.

사람들이 자신을 믿어 준다면 말을 할 때 각별히 주의해야 한다. 철저하게 검토해서 정확한 사실만을 말해라. 단순한 억측이나 짐작을 사실처럼 말하거나 대충 얼버무려서는 절대로 안 된다. 상황을 조작하거나 거짓을 사실로 둔갑시켜서도 안 된다. 틀림없는 사실, 사실에 입각한 정보만을 말해야 한다. 진실을 숨기고 싶다면 어떻게 해야 할까? 뒤에 소개된 '비밀을 지키는 법'을 참고하라.

회의에서 적절하게 처신하려면 입을 잘 단속해야 한다. 적절한 때에 적절한 말을 하고 있는가? 자신의 말이 동료의 인생관을 존중하고 있는가? 아군과 적군을 구분할 수 있는가? 상황에 맞는 말투와 억양, 속도로 말하고 있는가? 자신이 사용하는 단어는 상황에 적합한가? 만약 그렇지 않다면 회의 기술을 향상시키기 위해 부단히 노력하라. 다음 이야기는 회의 중에 하는 말과 행동이 얼마나 중요한지 잘 보여 준다.

간부회의 중에 벌어진 일이다. 서너 개의 문제를 놓고, 경영진의 의견이 극명하게 갈라졌다. 경영진은 몇 패로 나뉘었고 격렬한 논쟁이 벌어졌다. 말다툼이 심해지면서 고성과 욕도 오갔다. 심지어 한 임원은 다른 임원을 공격하기라도 할 듯이 위협했다.

그러고 몇 달이 지나자, 대다수 참석자들은 논쟁이 되었던 안건들을 기억조차 하지 못했다. 하지만 몇몇 임원의 과격한 언동과 무례한 태도는 똑똑히 기억했다. 그 회의 때문에 몇몇 임원은 이미지가 크게 실추되었다. 특히 한 임원의 이미지는 완전히 바닥으로 떨어져서 오랫동안 회복되지 못했다. 회의가 있은 후, 직원들 사이에서 흉흉한 소문이 나돌기 시작했다.

"아무개가 그렇게 비열하고 난폭하다며? 완전 망나니래."

"이제 그가 하는 말은 못 믿겠어."

"그가 랠프에게 뭐라고 했는지 들었어? 나라면 개도 그렇게 다루진 않을 거야."

"정말 기분 나쁜 사람이야. 절대로 예전처럼 그를 대하지 않을 거야. 어쩜 사람이 그렇게 바닥까지 떨어질 수 있지?"

그 임원에게 회의는 끔찍한 재앙이 되었다. 그의 언동과 태도가 너무도 과격하고 지나쳐서, 함께 싸웠던 다른 임원들의 행동은 새 발의 피처럼 보였다. 1년이 지나도 그의 행동은 모두의 뇌리에서 지워지지 않을 것이다.

곤란한 상황에 처하면 다음 세 가지를 떠올려라. 그리고 항상 경계심을 늦추지 마라.

첫째, 사람들은 우리의 말과 행동을 기억한다. 따라서 우리는 다른 사람의 뇌리에 긍정적인 이미지를 심어 주기 위해 노력해야 한다.

둘째, 간부로서 성공하고 리더의 역할을 성공적으로 수행하려면 동료들의 존경심을 얻어야 한다. 우리가 어떻게 행동하느냐에 따라 동료들의 존경심을 얻을 수도, 잃을 수도 있다.

셋째, 우리가 바라는 목표를 달성하고 계획과 생각을 잘 수행하려면 앞의 두 가지를 반드시 지켜야 한다. 목표 달성 여부는 우리의 행동에 달려 있다. 그 행동에 따라 동료들은 우리의 능력을 인정하고 존중하거나 혹은 무시한다.

소문을 다스려라

인간의 본성,
가십

'가십gossip'이란 단어는 원래 대부모godparent 혹은 친구란 뜻이었다. 세월이 흐르면서 가십의 뜻이 바뀌었고, 오늘날에는 입만 열면 가까운 사람의 은밀한 비밀을 폭로하는 수다쟁이나 떠버리를 가리키게 되었다.

가십에 관해서라면 거의 모든 사람이 유죄다. 아마 한 번쯤 남의 말을 해보지 않은 사람은 없을 것이다. 대개 여자들이 상습범이라는 비난을 받지만 남자들도 그리 떳떳하진 않다. 동서고금을 막론하고 사람들은 남의 말을 하기 좋아한다.

성역은 없다! 정치인에서부터 국가 원수, 유명인, 전 세계 부호들, 목사, 신부, 랍비 등의 성직자에 이르기까지 누구든 좋은 수다거리가 될 수 있다. 대중매체는 그들의 주위를 맴돌며 흥미로운 기삿거리를 찾고, 주요 뉴스에서 낱낱이 까발린다. 그리고 그들은 그 즉시 악명을 얻고 유명세를 톡톡히 치른다.

"그렇다면 어떻게 가십에 대처해야 합니까?"하고 묻고 싶을 것이다. 먼저 가십이란 무엇인지, 가십이 지닌 여러 가지 얼굴에 대해 확실히 알아야 한다. 그리고 다양한 형태의 가십을 다루는 방법을 배워서, 어떤 식으로든 가십의 희생양이 되지 않도록 해야 한다.

뒷말을 즐기는 것은 어쩔 수 없는 인간의 본성이다. 사람들은 기회만 있으면 다른 사람에 대해 수군거리고 소문을 퍼뜨린다. 남의 사생활을 속속들이 알리고 낱낱이 까발린다. 누가 누구랑 사랑에 빠졌다느니, 잠자리를 같이 했다느니 하며 호들갑을 떨고, 누가 연애 중이고 이혼을 할 것인지 따위의 소문에 심취한다. 남녀노소를 막론하고 사람들은 친구들과 모여 앉아 항간에 떠도는 흥미로운 소문을 즐긴다.

사회는 우리에게 특정 수준의 품위와 신망을 유지하라고 요구한다. 우리는 해야 할 일과 해서는 안 되는 일이 무엇인지 잘 알고 있다. 가십을 통해 우리는 공동체의 관습과 규범을 알 수 있으며, 그것을 위반하면 가십의 희생양이 된다는 사실에 안도한다. 어떤 사람들은 가십이 사람들의 행동을 통제해 준다며 가십의 순기능을 옹호한다. 어떤 잘못을 저지르면 그것은 가십을 통해 만천하에 폭로된다. 그래서 자신의 잘못을 남들이 알게 된다는 두려움 때문에 자신의 말과 행동을 통제하게 된다는 논리다. 하지만 남의 뒷말을 수군대면 득보다 실이 더 많다. 가십은 그야말로 필요악이다. 어째서 그런지 지금부터 함께 살펴보도록 하자.

불필요한 농담과 잡담을
멀리하라

사람들은 남의 불행을 놓고 농담하기를 좋아한다. 농담은 악의적인 소문이나 흥미로운 뜬소문, 유언비어를 토대로 만들어진다. 농담의 대상이 자신을 변호하려 하면 할수록 농담은 더 짓궂어진다. 어떤 문제건 법정까지 갔다면, 무슨 조롱을 받았건 소문이 사실이건 사실무근이건 순식간에 농담의 대상이 된다.

농담은 실제 소문보다 더 추잡하고 악의적인 경우가 많고 대체로 당사자에게 더 큰 상처를 입힌다. 농담은 소문을 퍼뜨리는 역할을 한다. 소문은 눈 깜박할 새에 퍼진다. 뉴욕에서 시작된 농담이 세계 전역으로 퍼지는 데는 몇 분밖에 걸리지 않는다. 몇 분이면 뉴욕에 사는 아무개가 홍콩에 있는 사업 파트너에게 전화를 걸어 이야기하는 데 걸리는 시간이다.

해운업에 종사하는 한 간부는 업계의 소문이 얼마나 빨리 퍼지는지 설명하면서 '끊임없이 수다를 떠는 노부인들'에 비유했다. 해운업은 특성상 전 세계 해상을 운항하는 선박의 위치를 추적하기 위한 통신망을 갖추고 있다. 통신망을 관리하는 사람들은 한 번도 직접 만난 적이 없지만 수년에 걸쳐 끈끈한 유대를 유지해 왔다. 그들은 통신망이 현대판 '공동가입 전화'가 될 정도로, 매일 같이 소문을 교환한다. 해운업계에서 소문은 전 세계 통신사들의 장거리 전화를 통해 한 시간 내로 세계 곳곳에 퍼진다.

사람들이 농담만큼 즐겨 나누는 말이 잡담이다. 잡담이란 말에는 한가롭게 기탄없이 주고받는 대화라는 어감이 내포되어 있다. 두 사람이 만나서 별로 중요하지 않은 사소한 일들에 관한 정보를 주고받는다. 직장의 아무개가 상사한테 아첨을 한다느니, 누가 파벌에 속해 있고 속해 있지 않다느니 하는 이야기에는 티끌만큼의 악의도 담겨 있지 않다. 그러니 한가롭게 잡담 좀 나눈다고 무슨 해가 되겠는가? 하지만 잡담을 나누는 사람들 간에 끈끈한 유대가 형성되면서, 악의 없는 가벼운 정보를 교환하던 것이 점점 추잡한 소문을 교환하는 쪽으로 변질된다.

가십은 굉장히 간악해서, 남의 말을 주고받는 사람들은 가십이 얼마나 파괴적인 영향을 미치는지 전혀 눈치채지 못한다. 사람들은 뒷말을 장난 섞인 푸념이나 놀이쯤으로 여긴다. 인류 역사에는 가십에 대한 다양한 견해가 존재한다. 인간의 역사가 시작될 때부터 인간은 다른 사람에 대한 뒷말을 해왔다.

남의 이야기를 수군거리는 게 고상한 취미는 아니다. 친한 친구 둘이서 비밀리에 속닥이는 이야기로 시작하겠지만, 그 이야기는 곧 눈 깜박할 새에 퍼져서 많은 사람들에게 엄청난 피해를 준다. 연인들 사이에, 친구들 간에, 입에서 입으로 빠르게 전달된다.

그렇다면 사람들이 남의 말을 하는 까닭은 무엇일까? 대다수 사람들은 그게 나쁜 일이란 걸 알면서도 걸핏하면 남에 대한 말을 한다. 우리는 인간관계에서 겪는 이런저런 불만을 가십을 통해 해소하지만, 사실 가십을 주고받는 것은 우리의 가치관에 위배되는 일이다.

사람들은 자신만의 확고한 가치관을 지니고 있지만 남의 뒷말을 하는 데에는 가치관도 접어 둔 채 이상할 만큼 열심이다. 우리의 가치체계에 무슨 문제가 생긴 걸까? 어째서 가십에 관해선 가치관이 작동하지 않을까? 왜 이런 모순이 발생할까?

우리의 가치관은 각자의 경험과 자신이 속한 문화를 토대로 형성되며, 매우 느리게 변한다. 가치관은 우리의 목표와 행동방식, 목표를 달성하는 방식에 큰 영향을 미친다. 가치관에 따라 우리는 해야 할 일과 하지 말아야 할 일을 판가름한다. 하지만 앞서 말했듯이 가십에 관해서라면 가치관이고 뭐고 없다. 도대체 왜 그렇게 가십에 빠져드는 것일까? 무엇이 그토록 매력적이어서 가십의 유혹에 쉽게 넘어가는 것일까?

대부분의 평범한 사람들은 '같다는 것'을 대단히 중요시한다. 그래서 겉으로 드러나는 모습과 행동을 통제하며 자부심을 느낀다. 일상의 고락과 삶의 부침에 어떻게 대처해야 하는지도 잘 알고 있다. 그래서 우리의 행동은 거의 일관되며 예측 가능하다. 우리는 남들에게 감정을 잘 다스릴 줄 아는, 한결 같은 사람으로 보이고 싶어 한다. 또한 우리는 상황에 과잉 반응할까 봐 걱정한다. 비난을 받거나 난처한 상황에 놓이면 차분하게 대응하려고 무진 애를 쓴다. 그러기 위해 항상 자제력을 잃지 않으려고 노력한다.

하지만 머릿속으론 언제, 어디에 가치관을 적용하고 적용하지 않을지 끊임없이 계산한다. 상황이나 주변 사람들의 반응에 따라 자신의 태도를 결정하며 가치관도 기꺼이 바꾼다. 무리에서 소외되거나 사람들과 멀어지는 것을 극히 두려워하기 때문이다. 시류를 따르고 대세를 거스르지 않는 선에서 말하고 생각한 결과 유연한 가치관이 형성되는 것이다.

참으로 신기하게도 사람들은 남의 말을 하면서, 즉 자신의 악의적인 본성을 드러내면서 기쁨을 느낀다. 우리는 다른 사람을 한낱 가십거리로 삼는 잔인한 일을 매우 즐긴다. 우리가 꾸며 내서 한껏 즐긴 장난이 부메랑처럼 되돌아오지 않으리란 사실을 잘 알고 있기 때문이다. 우리의 장난은 어떤 문제도 일으키지 않을 테고, 우리는 어떤 영향도 받지 않을 것이다. 그런 이유로 가십을 중단하기란 하늘의 별을 따는 것만큼 어렵다. 사람들은 한 치의 망설임도 없이 자신의 가치관을 끊어 버리고 가십에 탐닉한다. 사람들은 자신이 어떤 대가도 치르지 않을 것임을 잘 안다. 남의 말 좀 한다고 손해 볼 게 전혀 없는 것이다. 물론 자기가 가십의 희생자로 전락하고 나면 얘기가 또 달라지겠지만.

평판을 떨어뜨릴
가십을 경계하라

가십을 나누는 것은 굉장히 단순하면서도 복잡하다! 앞서 말했듯이, 가십의 가장 단순한 정의는 두 사람이 모여 제삼자에 대해 이야기하는 것이다. 이때 두 사람 사이에는 긴밀한 우정과 유대가 자리 잡고 있다. 절친한 두 사람은 제삼자에 대한 은밀한 정보를 기탄없이 교환한다. 그럴 수 있는 것은 상대방이 정보의 출처를 아무한테도 밝히지 않을 거란 믿음이 깔려 있기 때문이다. 그러다가 외부의 개입이 있으면 대화는 중단된다.

다른 사람에 대한 뒷말이 성립되려면 내용의 불가침성이 보존되어야 한다. 갑이 우연히 지나가다가 두 사람의 대화에 끼어들면, 두 사람은 재빨리 화제를 바꿀 것이다. 갑은 두 사람이 나누던 대화의 내용을 짐작조차 할 수 없을 것이다.

갑이 자리를 뜨고 나면, 두 사람은 중단된 부분부터 다시 이야기를 시작한다. 이런 식으로 돌아가는 거다! 이런저런 사는 이야기에서부터, 전 세계를 들썩이게 한 스캔들에 이르기까지 사람들이 나누는 가십거리는 비슷비슷하다. 다만 가십의 중대성이 변할 뿐이다. 지금부터 우리가 일상적으로 접하는 가십의 종류를 살펴보도록 하자.

남녀노소를 막론하고 사람들은 동네에 떠도는 온갖 사건 사고에 대해 이야기하기를 즐긴다. 울타리를 사이에 두고, 게임을 하면서, 이웃의 집에 놀러가서 등등 사람들은 기회만 있으면 가십을 교환한다. 흔해 빠진 가십거리를 교환하는 것이 무슨 대수냐고? 그렇지 않다. 사람들은 세부적인 내용을 과장하고 상상력을 동원하여 재밌게 꾸민다. 대개 일반적인 가십거리는 해롭지 않은 주제들이다. 하지만 자칫하면 악의적인 소문으로 발전해서 누군가를 비탄에 빠뜨릴 수 있다.

매우 안타깝게도, 사람들이 주고받는 많은 가십거리는 악의적인 내용일 수 있다. 대개 그런 가십은 절반의 진실이거나 완전한 거짓이다. 또한 다른 사람의 평판을 더럽히는 정보를 담고 있다. 사람들은 남의 불행과 탈선, 도를 넘는 행동에 관심이 많다. 관습, 규범, 여론을 벗어나는 행동은 험담의 대상이 되기에 충분하다. 불행히도 우리들 대부분은 한

번쯤은 악의적인 가십의 희생자가 된 적이 있으며, 그게 얼마나 괴롭고 불쾌한 일인지 뼈저리게 알고 있다. 수많은 사람의 인생이 악의적인 가십에 짓밟히고 파괴되었다. 그리고 마음에 회복할 수 없는 상처를 입었다.

정말로 입을 단속하고 싶다면 먼저 가십이란 무엇인지 이해한 다음, 사람들이 가십에 탐닉하는 까닭을 이해해야 한다. 두 가지를 충분히 이해하고 나면 악의적인 가십을 나눌 듯한 상황에 처할 때 효과적으로 대처할 수 있다. 남의 험담을 피함으로써 애초에 싹을 잘라 버리는 것이다.

하지만 안심하지 마라! 가십은 굉장히 유혹적이다. 가십은 눈앞의 초콜릿 케이크와 같다. 그것도 하필이면 다이어트 중일 때의! 케이크는 절대 금물이지만 우리는 에라 모르겠다며 크게 한입 밀어 넣는다. 가십에 탐닉하는 것은 다이어트에 한창일 때 지방과 설탕 범벅인 케이크를 먹어 치우는 것처럼 솔깃하고 구미가 당기는 일이다. 가십은 그처럼 거부할 수 없는 매력을 지녔다. 하지만 가십 때문에 우리의 평판은 바닥에 떨어질 수 있다.

회사를 좀먹는
비생산적인 소문

코네티컷 주 스탬포드에 위치한 어느 회사는 8개월 전, 서치
펌 search firm (기업의 CEO, 임원, 간부 등 고급, 전문 인력을 업체에
소개해 주는 일을 하는 회사. 이런 일에 종사하는 민간 소개업자들
은 헤드헌터라고 한다)의 이그제큐티브 서치를 통해 새 영업
담당 부사장을 고용했다. 그의 이름은 쥬드였다. 쥬드는 시
카고에 본사를 둔 한 회사의 판매부 부사장으로 재직했었는
데, 이 회사에 스카우트되면서 부동산과 이사 비용을 제공
받았다.

어느 날, 쥬드의 직속 부하 두 명이 대화를 나누었다. 한 명
은 영업부장이었고, 다른 한 명은 광고부장이었다. 광고부
장이 근심이 가득한 영업부장의 얼굴을 보고선 그 까닭을

물었다. "쥬드와 이야기를 나누었는데 뭔가 문제가 있는 거 같더라고. 시카고에 있는 가족을 여기로 데려올 생각이 없나 봐." 광고부장이 왜 그렇게 생각하는지 묻자 영업부장이 다시 말했다. "그냥 내 직감이 그래." 그러자 광고부장은 "네 직감이 맞겠지"라며 지지해 주었다.

그 주가 다갈 때쯤 쥬드가 인사부장에게 다가가 물었다. "회사에 무슨 일이라도 있습니까? 내가 말을 거는 사람마다 안부를 묻네요. 내가 무슨 불치병에라도 걸린 것 같아요. 나만 모르는 뭔가가 있는 거 같은데요?" 인사부장이 대답했다. "그 소문 때문이겠죠. 부사장님이 여태 가족을 데려오지 않은 걸로 봐서 여기서 잘해 볼 생각이 없는 거 같다는 소문이 돌고 있어요." 쥬드는 "마치 내가 일을 잘하지 못하고 있다는 소리로 들리는군요"라고 말했다.

인사부장이 말했다. "물론 잘하고 계세요. 하지만 솔직히 말하면 집을 구하고 가족을 데려오는 걸 망설이고 계신 것 같아요. 우리와 함께 일하고 싶지 않은 듯한 뉘앙스를 풍기고 계신 거지요. 지금쯤 집을 구하고, 가족들을 데려와서 자리를 잡으셔야 하는데 그렇지 않으니까요."

부사장이 화를 내며 말했다. "정말이지 터무니없군요. 나는 2주 만에 시카고에 있는 집을 팔았어요. 새 집을 구할 때까지 가족들은 장모님 댁에 머물기로 했고요. 도대체 누가 이런 소문을 퍼뜨린 겁니까?"

소문의 진원지인 광고부장은 잘못을 실토했다. 하지만 회사는 이미 큰 손실을 보았다. 금쪽같은 근무시간을 허비했고, 직원들의 업무 집중도와 근로의욕 및 생산성이 떨어졌으며, 동료들 간의 불화가 발생했다.

사내 소문은 직원들의 생산성에 큰 영향을 미친다. 직원들이 소문을 교환하느라 근무시간을 허비하는 데다 규범도 훼손되기 때문이다. 조금만 관점을 바꾸면 회사 내에 떠도는 소문을 최소화할 수 있다. 사내 소문은 운영상의 문제이기 때문에 다른 문제와 마찬가지로 다루어야 한다. 소문을 통제하려면 직원들이 무엇에 관해 수군대는지 파악해야 한다.

사무실에서 어떤 일이 벌어지고 있는지, 누구와 누가 대화하는지, 사무실이나 구내식당에 걸핏하면 삼삼오오 모이는 무리가 있는지 등 직원들의 움직임을 눈여겨보라. 소문의 진원지가 누구인지 책임지고 밝혀내야 한다. 그리고 사내에 떠도는 소문에 관해 직원들에게 질문해 보라. 소문을 교환하는 데 아까운 시간이 허비되고 있다는 사실을 직원들에게 일깨워 주어라.

가벼운 소문이 악의적인 소문으로 변할 수 있음을 알려줌으로써 직원들의 경각심을 높여야 한다. 직원 교육이나 회의를 통해 알리거나 사내 게시판의 포스터를 이용할 수도 있다. 회사 내에 떠도는 소문으로 인해 생산성이 저하되고 도덕관념이 훼손됨을 직원들이 깨닫는다면, 가십을 멀리할 가능성이 높다.

간부들이 먼저 모범을 보여야 한다. "윗물이 맑아야 아랫물이 맑다"는 옛말은 하나도 틀린 게 없다. 윗사람들부터 소문을 차단하지 않는다면 부하 직원들인들 그만두겠는가?

소문의 유혹을
물리치는 방법

다음은 소문에 탐닉하는 성향을 고치는 데 도움이 될 만한 짧은 이야기다.

메리와 빌은 한 중소기업에서 일하고 있다. 메리는 사장의 비서로 젊고 매력적인 여성이다. 빌은 세 아이를 둔 40대의 중년 가장이다. 지난주에 메리와 빌은 각각 다른 일로 동료들의 입방아에 올랐다. 먼저 빌의 경우, 그가 알코올 중독증에 걸렸고 그로 인해 부부간의 불화가 있으며, 자연히 업무능률도 실적도 떨어졌다는 이야기였다. 메리의 경우, 동료들은 그녀가 사장과 부적절한 관계라고 수군거렸다. 게다가 지난주에는 사장과 함께 출장까지 다녀왔기 때문에 소문은 더욱 커졌다. 문제는 사장이 그때까지 출장에 단 한 번도 비서를 동반한 적이 없었다는 점이다. 사장은 10여 년간 사장 직을 맡으면서, 회사의 기둥으로서 모든 직원의 존경을 한 몸에 받아 왔다. 그런데 젊은 여비서와 스캔들이라니! 직원 들은 이렇게 수군거렸다.

"이봐, 찰리. 내가 그러더라고 아무한테도 말하지 마. 요즘 빌이 굉장히 힘든 모양이야. 매일같이 술을 퍼마시는 데다 부인까지 그를 지겨워한다더군. 실적도 떨어지고, 이래저래 힘들겠어."

"그렇군. 에드, 나도 비밀 하나 말해 줄까. 요즘 메리가 수상 쩍지 않아? 자넨 아무런 낌새도 못 챘어? 메리가 사장이랑 박람회에 갔던 거 알고 있어? 뜨거운 태양 아래서 3일간의 달콤한 휴가라! 아무튼 둘 사이에 뭔가 있는 게 틀림없어."

소문은 빠르게 확산돼서 곧 회사의 모든 직원이 알게 되었 다. 소문은 100퍼센트 진실일 수도 있지만, 새빨간 거짓이 거나 상상일 수도 있다. 그럼에도 불구하고 누군가의 인생 을 좌우할 수 있는 민감한 문제가 가십거리가 된다. 소문으 로 인해 여러 명의 미래가 위태로워질 수 있다. 당사자뿐 아 니라 당사자의 배우자, 자녀, 친척, 그리고 동료들에게 부정 적인 영향을 미친다. 회사 전체에 영향을 미칠 수도 있다. 친 한 동료끼리 나눈 개인적인 대화가 심각한 추문으로 변질되면서 큰 파장을 일으킬 수 있는 것이다.

직원들의 존경을 받던 유능한 사장이 추문으로 인해 해고된다면, 회사의 전망이 어두워질 수 있다. 사장은 부인과 별거 혹은 이혼을 할 수 있고, 한 가정은 깨지게 된다. 이렇듯 소문 당사자가 겪을 엄청난 파장을 생각한다면 섣불리 소문을 퍼트릴 수 있을까? 중요한 것은 불행이 여기서 끝나지 않는다는 사실이다.

한편, 소문을 퍼뜨리고 다닌 사람들은 어떻게 될까? 그들은 아무런 피해도 입지 않는다. 아마 양심의 가책도 느끼지 못할 것이다. 소문의 진원지인 사람들은 그 일들이 자기와는 상관없다고 생각한다. 어쩌면 그들의 심리는 '누구는 총에 맞아 죽고, 누구는 목숨을 부지하는' 전투에 나선 병사들의 심리와 비슷할 것이다. 생존한 병사는 죽은 전우가 가엾긴 하지만, 한편으로는 총에 맞은 사람이 자기가 아니라는 사실에 감사한다. 소문에 관해서도 그렇다. 우리는 다른 사람의 불행을 들으면서 왠지 모를 만족감을 느낀다. 그 사람이 가엾고 딱하지만, 자기가 그런 불행을 겪지 않은 것이 내심 다행스럽고 기쁜 것이다.

소문을 퍼트리고 싶은 유혹을 받는 것은 개인뿐 아니라 조직도 마찬가지다. 오늘날의 모든 기업조직에서 소문을 퍼뜨리고, 입을 함부로 놀리는 일이 횡행하고 있다. 소문은 수

많은 경영진의 주의를 끄는 골칫거리가 되었다. 실제로 해리 그레이Harry Gray도 가십의 폐해에 주목했다. 그는 일류 방위산업체인 유나이티드 테크놀로지의 회장으로 재직할 때,《월 스트리트 저널》에 전면광고를 냈다. 다음은 광고를 일부 발췌한 것이다.

"모든 사람을 죽이는 뱀"

뱀은 정부의 존립을 위태롭게 하고, 결혼생활을 파탄내고, 경력을 망치고, 명예를 더럽히고, 평판을 무너뜨린다. 심장병과 소화불량을 일으키고, 악몽을 꾸게 하며, 의심을 낳고, 비탄에 잠기게 한다. 그리고 죄 없는 사람들이 베개에 얼굴을 묻고 통곡하게 한다. 뱀은 겉으론 '쉿쉿'거리지만 사무실에서, 파티에서 온갖 소문을 퍼뜨린다. 뱀은 수많은 헤드라인과 두통을 만들어 낸다. 소문을 퍼뜨리기 전에 스스로에게 질문을 던져 보라. 이 이야기가 사실일까? 100퍼센트 진실일까? 다른 사람도 알아야 할 필요가 있을까? 그렇지 않다고? 그럼 입 다물어라!

해리 그레이 회장은《월 스트리트 저널》을 통해 재계 전체에 메시지를 보냈다. 일류 대기업의 회장이 상품 광고가 아닌 다른 목적, 즉 소문이 인간관계에 미치는 영향과 폐해를 일깨워 주려는 목적으로 값비싼 전면광고까지 내다니! 미국의 실업가들이 가십의 폐해에 대해 얼마나 우려하고 있는지는 이것만 봐도 알 수 있다.

회사 사무실에서 소문이 미치는 영향력은 두 가지 측면을 갖고 있다. 먼저 소문을 교환한다는 것은 그 조직이 활력 있는 조직임을 보여 준다. 그러한 조직의 구성원들은 서로 친밀한 관계를 맺고 있으며, 서로에게 관심을 갖는다. 반면에 소문 자체는 장기적으로 볼 때, 조직에 악영향을 미칠 수 있다.

앞서 지적했듯이 대다수 사람들은 소문이 해롭고 위험하다는 사실을 알고 있지만, 끊임없이 거기에 빠진다.

소문의 유혹에 빠지지 않으려면, 다시 말해 끊임없이 소문을 교환하는 사람들에 부화뇌동하지 않으려면 어떻게 해야 할까? 아무리 봐도 인간은 남에 대해 수군거리길 좋아한다. 그게 정말 인간의 본성일까? 어쩔 수 없는 성격적 결함일까?

한 번쯤 남의 뒷말을 해보지 않은 사람은 없을 것이다. 어쩌면 다른 사람을 한낱 이야깃거리로 삼는 것을 재미있어했을 수도 있다. 소문의 내용은 굉장히 다양하다. 하늘 아래 있는 것은 무엇이든 소문거리가 될 수 있다. 사람들은 어떤 이야기도 그냥 지나치지 않는다. 별 볼 일 없는 이야기도 여기저기 살을 붙이고, 재미있게 만들어서 퍼뜨린다. 소문은 진

실의 가면을 쓴 정보로 이루어져 있다. 소문이 진실로 받아

들여지느냐, 아니냐는 듣는 사람의 판단에 달려 있다.

소문을 나에게
유리하게 활용하라

소문을 많이 알고 있는 사람은 그것을 해석해서 진실이나 거짓으로 둔갑시킬 수 있다. 사람들이 소문의 폐해를 알면서도 빠지는 것은, 이야기하고 싶어 하는 인간의 불가사의한 욕구와 관계가 깊다. 사람들은 할 말이 없어도 어떻게든 말을 한다. 그저 말을 하기 위해 끊임없이 재잘거린다.

그러한 인간의 본성을 이해하고 나면, 우리가 남들의 불행에 솔깃해하고 소문을 퍼뜨리는 것을 좋아하는 이유도 이해할 수 있다. 소문은 그야말로 미스터리다. 미스터리는 신화와 전설, 향수와 연결시킬 수 있으며, 따라서 소문은 사람들이 현재를 과거와 연결시켜 생각할 수 있도록 도와준다.

여하튼 이런저런 소문이 충분히 모아지면, 그것은 정보가 되고 정보는 진실을 드러낼 수 있다. 많은 사실을 알고 있고,

그것들을 분류할 수 있는 사람들은 소문을 진실 혹은 거짓으로 바꿀 수 있다. 그리고 그런 사람들은 소문을 퍼뜨리기보단 자기한테 유리하게 이용할 수 있다. 다른 사람의 말을 경청하며, 정보를 수집하라. 잠자코 듣기만 해라. 입을 다물고 다른 사람이 하는 말을 하나도 빠짐없이 들어야 한다. 정보의 조각을 충분히 모으면 퍼즐이 맞춰지면서 진실이 드러날 것이다.

이 방법은 오랜 세월 동안 입증된 확실한 방법이다. 탐정들은 이 방법을 이용해서 사건을 수사한다. 탐정들은 탐문수사를 통해 이런저런 정보를 수집한다. 모든 정보는 서로 밀접한 관련이 있다. 탐정은 정보를 바탕으로 개인들의 과거를 추적하는 회고적 분석을 한다. 충분한 정보가 모아지면 정보의 조각들을 맞춰서 완전한 그림을 얻을 수 있고, 정확한 판단을 내릴 수 있다. 모든 인간의 공통된 특성은 남의 말을 하는 것을 좋아하고, 자신이 들은 것을 해석하는 것을 좋아한다는 점이다. 탐정과 같은 방식으로 생각하라. 사람들이 남의 뒷말을 할 때에는 잠자코 들으면서 정보를 수집하고, 분류해서, 자신에게 유리하게 활용하라.

침묵의 기술

제2차 세계대전 기간 동안, 방위 시설의 보안 포스터에는 "가벼운 입이 배를 침몰시킨다"는 문구가 쓰여 있었다. 지금부터 1000년 전에 중국인들은 두 사람 사이에 비밀이 지켜지려면, 둘 중 하나가 죽는 수밖에 없다고 생각했다.

사람들 간의 정보의 이동을 통제하려는 노력은 큰 소득이 없었다. 아무리 철통 같이 지켜도 정보는 새어 나간다. 대부분의 정보는 사용되지 않은 채 소멸된다. 나머지 정보는 관련 당사자에게 엄청난 손상을 입힌다. 많은 정보가 도난당한다. 여기서는 기업이나 정부에서 기밀이나 재산적 정보를 부주의하게 관리함으로써 발생하는 여러 문제들을 살펴볼 것이다.

스파이는
내부에 있다

정보를 훔치는 사람들은 오늘날 기업의 가장 큰 위협으로 여겨진다. 미국의 기업들은 현대판 해적들의 끊임없는 공격으로 몸살을 앓고 있다. 해적들의 해적행위로 인해 기업들은 막대한 연구개발비를 날리고, 목표를 달성하지 못하는 등 매년 수천만 달러의 손실을 입는다. 영업 비밀을 훔치는 해적들은 해적행위를 처벌할 수 있는 법이 불충분하고 낡은 덕분에 더욱 맹활약하고 있다. 어느 기업이 자사의 영업비밀과 고객명단, 특허권을 경쟁사에 자발적으로 내어 주겠는가? 하지만 수많은 기업이 자사 직원들을 제대로 단속하지 못한 까닭에 그런 위험을 겪고 있다. 직원들은 업무상 어쩔 수 없이 회사의 비밀정보에 접근해야 하는데, 그로 인해 이런저런 크고 복잡한 보안 문제가 발생한다.

얼마 전까지만 해도 기업은 유형자산을 보호하는 데 전력을 기울였다. 그들은 동산, 원자재, 설비, 완제품의 도난을 우려했다. 그런데 최근에 비약적인 기술 발전으로 인해 아이디어와 정보가 중요한 영업비밀이 되었다. 오늘날에는 정보가 사업의 성패를 가르는 핵심 자산이다. 연구개발에 막대한 비용을 투자하는 첨단기술 사업의 경우는 특히 더 그렇다. 새로운 아이디어가 쏟아져 나오면서 과학기술이 시시각각 발전한다. 제품의 콘셉트와 제조과정의 비밀을 유지하는 것은 경쟁에서 앞서기 위해 굉장히 중요하다.

유형자산을 보호하는 것이 비교적 쉬운 데 반해 무형자산을 보호하기란 굉장히 어렵다. 어떤 정보가 직원들의 머릿속에서 빠져나가는지 눈으로 볼 수도, 손으로 만질 수도 없기 때문이다. 그런데 직원들의 머릿속에 저장된 새로운 아이디어와 개념과 제조과정을 어떻게 통제한단 말인가.

전자산업 같은 대규모 산업에 종사하는 기업들은 자산을 지키기가 훨씬 더 어렵다. 기업의 수가 증가하면서 경쟁은 치열해진다. 기업들이 우수한 인력과 새로운 고객을 먼저 확보하려고 쟁탈전을 벌이면서 경쟁이 가열된다. 동종 업계의 경력자를 채용하는 것은 정보의 이동통로를 열어 준다. 직원이 동종업계로 이직할 때, 이전 직장에서 얻는 정보도 함께 이동하게 된다. 바로 거기서 문제가 발생한다. 재산적 정보가 경쟁사로 유출되거나 직원이 개인적인 이익을 챙기려고 정보를 유용하는 문제가 발생한다.

사람들은 과거에 비해 자주 직장을 옮기며, 시장이 요구하는 높은 수준의 전문성 때문에 동종업계 안에서 이직하는 경향이 있다. 잦은 이직은 직장에 대한 직원들의 충성도를 떨어뜨리는 결과를 초래했다. 직원들은 "다음 회사의 고용주는 나한테 무엇을 해줄 수 있는가"에만 관심을 기울이며, 이전 직장에 대한 충성도 따위는 안중에도 없다. 그들은 "그래서 어쩌라고? 그들이 나한테 빚을 진 거야"라고 항변한다.

게다가 오늘날의 사회적 환경과 윤리적 풍토에서는 영업 비밀을 훔치고 정보를 유출하거나 개인적으로 유용하기가 훨씬 더 쉬워졌다. 많은 직장인들이 지나친 스트레스와 중압감을 견디지 못하고 술에 의존하고 있다. 이러한 추세가 전국적으로 확산되면서 정보의 유출을 막기가 갈수록 어려워지고 있다. 또한 직장인들은 인권, 좀 더 구체적으로 개인의 권리에 점점 더 민감해지고 있다. 그들은 걸핏하면 소송을 일삼고, 회사가 자사의 정보와 자산을 지키기 위해 어디까지 할 수 있는지 시험한다.

오늘날 정보 범죄가 급증하는 것은 정보의 가치가 높아졌기 때문이다. 기술의 급속한 발전으로 새로운 제품 콘셉트와 제조과정, 고객명단과 설계도 등의 영업 비밀은 시장에서 캐내야 할 황금과 같은 존재가 되었다. 하지만 앞서 말했듯이 법체계는 기술의 발전 속도를 따라잡지 못했다. 정보 절도에 관한 법률이 낡고 불충분하며, 시대를 반영하지 못한 까닭에 산업 스파이들은 허술한 법망을 최대한 유용하게 이용했다.

결국 대다수 기업은 자기들이 직접 나서야겠다는 결론을 내렸다. 문제는 사람들이었다. 정보의 이동과 정보의 통제 모두 복잡하게 얽히고설킨 인간 행동 영역에 속한다. 정보와 아이디어는 간부, 영업사원, 납품업체 직원, 심지어 청소 직원들을 통해서도 유출된다.

개인적인 이익을 챙기려고 의도적으로 영업 비밀을 유출하는 직원도 있고, 입을 단속할 줄 몰라서 부지불식간에 비밀을 유출하는 직원도 있다. 경영진은 스파이를 찾느라 혈안이 되어 있지만 정작 범인은 내부에 있다. 처우에 불만을 품은 직원이나 해고를 당한 직원들이 주범이다. 직원들은 자기가 수집한 정보는 '자신의 소유'라고 생각하는 경향이 있다. 그래서 회사를 나가면서 정보를 모조리 갖고 나간다.

해고된 직원이 자신의 집에 회사의 컴퓨터 단말기를 설치한 다음, 모뎀을 이용해 회사의 메인프레임 컴퓨터에 접속했다. 그 직원은 회사의 비밀정보에 대한 접근 권한을 얻었을 뿐 아니라 자기의 사업에 훔친 컴퓨터를 사용하기도 했다. 이는 정보와 자산을 모두 훔친 사례에 해당된다.

역사적으로 여자 스파이들은 뇌쇄적인 매력으로 고위급 인사를 침실로 유혹해서 국가기밀이나 군사기밀을 빼냈다. 원자폭탄의 비밀은 러시아에 팔려 버렸다. 영업 비밀들은 매순간 위기에 놓여 있다. 국가기밀인 무기체계와 국방전략도 손쉬운 먹잇감이다. 돈 몇 푼 쥐어 주면 기꺼이 협조할 정보원들이 수두룩하기 때문이다.

가벼운 입은 정말로 배를 침몰시킨다. 입을 함부로 놀리면 회사를 망하게 할 수 있다. 다음 이야기는 이를 잘 보여준다. 저녁 파티에서 무심코 한 말이 일련의 사건을 촉발하고, 결국 5000만 달러짜리 계약과 그에 버금가는 또 다른 계약이 날아가 버렸다는 이야기다.

저녁 식사를 하면서, 어떤 기업의 부사장은 동석한 사람들에게 정부 계약에 대한 경쟁사의 입찰가를 슬쩍 보았다고 털어놓았다. 그러면서 부사장은 자사의 입찰가가 더 좋기 때문에 정부는 자기 회사와 계약할 거라고 장담했다. 하지만 연방정부의 계약절차에 따르면, 부사장의 행동은 조달계약규정은 물론이고 연방법까지 위반하는 것이었다. 그 소문이 퍼지자 부사장의 회사는 입찰에서 배제되었다. 당연히 5000만 달러에 육박하는 추가 계약도 없던 일로 되어 버렸다. 그 회사는 특정 정부기관이 발주하는 사업에 대한 의존도가 높았기 때문에, 회사의 앞날이 크게 위태로워졌다. 부사장이 입을 방정맞게 놀리는 바람에 배가 침몰한 것이다. 북대서양의 전함이 적의 어뢰에 격침되듯 회사가 침몰했다.

침묵,
결정적인 성공 비결

이탈리아, 특히 시칠리아 섬에서 마피아 혹은 코사 노스트라Cosa Nostra로 알려진 범죄 집단은 입단속에 관한 행동 규약을 갖고 있다. 그것은 바로 침묵의 규약으로 알려진 '오메르타Omerta'이다. 마피아와 관련된 모든 일은 불법적으로 행해지는 것이다. 그래서 마피아는 검찰과 경찰의 끊임없는 감시와 공격을 받고 있음에도 여전히 건재하며, 범죄활동의 영역을 넓히면서 세력을 확장하고 있다.

어떻게 그럴 수 있었을까? 무자비한 폭력을 행사하는 것을 제외하고, 마피아의 성공 요인이 될 만한 것을 생각해 보라. 입단속! 그렇다. 마피아는 오래전부터 조직원의 입을 단속하는 법을 터득했다. 그뿐만이 아니다. 마피아는 다른 사람들의 입을 다물게 하는 방법까지 알고 있다. 요컨대 마피아는 오래전부터 입단속의 중요성을 깨달았던 것이다. 사업을 할 때 그들은 누군가의 입방정을 절대 용납하지 않는다. 입을 함부로 놀린 사람은 호된 대가를 치른다. 오메르타는 잔혹하긴 하지만 핵심 정보를 통제하는 것의 중요성을 여실히 보여 준다.

군대에는 병사들이 지켜야 할 행동규약이 있다. 어떤 상황에 처해도 정보를 발설해선 안 된다는 것이다. 전투 중 포로로 붙잡힐 경우 병사들이 따라야 할 행동 매뉴얼이 있다. 모든 정보는 절대로 '불어선' 안 된다. 말해도 상관없는 유일한 정보는 이름, 계급, 인식번호다. 이 규약을 위반한 병사는 살아서 송환되더라도 군법회의에 회부된다. 전시상황에서 정보는 군사작전의 보안을 유지하는 데 매우 중요하다. 그래서 전쟁 중에 붙잡은 포로의 입을 열기 위해 온갖 고문 방법이 동원되었다. 중세시대에는 고문대에 묶어 팔다리를 잡아당겼고, 동양에서는 대나무 조각을 손톱 밑으로 밀어 넣었다.

그렇다면 오늘날의 기업들은 정보를 지키거나 빼내기 위해 어떤 일을 하고 있는가? 고문대나 대나무 조각을 사용하지만 않을 뿐 과거와 별반 다를 게 없다. 대기업의 안전한 자리에서 일하는 사람이라면, 회사에 미치는 영향력이 크지 않을 수 있다. 반면에 위기에 처한 조직의 핵심인물이라면,

그가 하는 모든 말은 회사의 운명뿐 아니라 자신의 미래와 성공까지 좌우할 수 있다.

군인들은 전쟁 포로가 되었을 때 핵심 정보를 불지 않기 위해 고된 훈련을 받는다. 마피아도 집단의 비밀을 지키기 위해 무자비한 오메르타를 실천한다. 군인이나 마피아와 같이 관리자는 정보를 효과적으로 통제하는 것의 중요성을 깨달아야 하고, 그렇게 하기 위해 모든 노력을 기울여야 한다.

사람 관리로
소문에 현명하게 대처하기

앞서 살펴보았듯이 정보를 퍼뜨리는 걸 좋아하는 게 인간의 본성이다. 정보를 전달하는 것을 일삼는 사람들이 바로 소문을 퍼뜨리는 사람들이다. 그들은 누구보다 빨리 최신 루머를 손에 넣는다. 마치 소문을 퍼뜨리기 위해 사는 사람 같다. 그들이 "아무개가 곧 이혼할 거래"라고 사람들에게 수군 댈 때는 당사자에 대한 연민은 티끌만큼도 찾아볼 수 없다. 소문을 퍼뜨리는 사람들도 소문의 진위 여부를 알지 못한다. 소문이 진짜냐 가짜냐는 중요하지 않다. 그들은 누구보다 먼저 특종을 손에 넣어서 사람들에게 전해야 한다는 일념에 사로잡혀 있다. 그야말로 모든 말썽의 주범들이다.

소문을 퍼뜨리는 사람들은 두 팔을 걷어붙이고 최신 정보를 찾아다니며, 사람들의 관심을 끈다. 신문이나 잡지의 특별호처럼 그들은 잠깐 주목받는 대가로 정보를 제공한다. 정보를 팔아서 관심의 대상이 되는 순간의 행복을 즐긴다. 다른 사람들은 처음에는 솔깃해하며 그의 말을 듣지만, 잠시 후 돌아서며 이렇게 결심한다. "이 사람한테는 아무 말도 하지 말아야겠어. 그가 내 말을 사방팔방에 떠벌리고 다닐지도 모르니 말이야."

근거 없는 소문은 절대로 없다. 사람들은 바보가 아니다. 없는 이야기를 꾸며내서 퍼뜨리지는 않는다. 사람들은 정보의 한 조각을 듣고, 다른 사람에게 이야기한다. 정보의 조각을 입에서 입으로 전달하면서 재미를 더하기 위해 살을 붙이고 과장을 섞는다. 하지만 소문의 바탕에는 손톱만큼의 진실이 깔려 있다. 그렇지 않다면 소문은 힘을 잃고 중간에 수그러들었을 것이다.

"남의 말을 에누리해서 들어라."

이 말은 남의 말을 너무 곧이곧대로 듣지 말라는 뜻이다. 다른 사람의 이야기를 들을 때, 일부는 거짓일 수도 있다는 생각을 항상 염두에 두어야 한다. 소문을 들을 때에는 "아니 땐 굴뚝에 연기 나겠어? 뭔가 있으니까 이런 말이 돌겠지"라고 생각해라. 그렇지 않다면 소문이 계속 퍼질 리가 없다. 같은 소문을 여러 곳에서 들을 때가 있다. 생면부지의 사람들이 서로 짜고 말을 지어 낼 가능성은 제로에 가깝다. 분명

말하는 습관을 바꿔라

소문이 날 만한 근거가 있는 것이다.

그렇다면 소문에 어떻게 대처해야 할까? 먼저 소문의 진위를 확인해라. 당사자를 불러서 자초지종을 들어라. 너무 위험하지 않느냐고? 물론 위험하다. 하지만 대단히 심각한 소문이라서 자신과 동료들에게 피해를 줄 수 있다면, 소문이 확대되기 전에 처리해야 한다.

다음은 소문이 퍼지는 다양한 경로이다. 그것을 알면 소문에 좀 더 현명하게 대처할 수 있을 것이다.

내부의 첩자를 찾아라

"우리 안에 첩자가 있다!" 이런 외침을 수없이 들어봤을 것이다. 맞다. 모든 조직에는 첩자가 있다. 정보 유출의 가장 큰 요인은 바로 내부 첩자다. '첩자'라는 용어는 1970년대 초에 워터게이트 사건이 발생했을 때 널리 쓰였고, 그후 조직 내부의 정보 유출자를 가리킬 때 주로 사용되고 있다. 다음은 내부 첩자의 전형적인 예이다. 한 고위 간부가 해고되었고, 그의 충성스러운 비서는 사장의 비서로 승진되었다. 해고된 간부는 회사를 하나 차렸는데 이전 직장의 경쟁 업종이었다. 간부는 이전 직장의 경영진이 계획 중인 사업에 관한 정보가 필요했으므로 전 비서에게 연락했다. 비서는 간부가 필요로 하는 자료를 모두 복사해서 간부에게 메일로 보냈다. 간부는 정보를 바탕으로 경쟁 사업에 착수했다.

최신 정보 증후군 Hot Scoop Syndrome을 경계하라

최신 뉴스를 전달하는 것을 삶의 낙으로 삼는 또 다른 유형의 사람이 있다. 그는 누구보다 먼저 특종을 전한다. "소식 들었어? 앨이 잘렸대." 그런 사람은 관련 당사자에 대한 티끌만큼의 동정심도 느끼지 못한다. 그런 멍청이의 머릿속에는 오직 최신 정보를 누구보다 빨리 많은 사람에게 전해야 한다는 일념밖에 없다. 그런 사람은 다른 사람들로부터 주목받고, 정보통이라는 찬사를 받기를 좋아한다. 가장 빨리 특종을 찾아내서 전달하는 것에서 큰 만족을 얻는다. 특종을 전달하는 사람들은 자신이 찾은 정보에 대한 소유의식을 갖고 있다. "나한테서 가장 먼저 들었다는 거 명심해. 못 믿겠으면 직접 확인해 봐." 하지만 그로 인해 사람들은 그에게 관심을 끊고, 등을 돌린다.

실세 집단을 파악하라

모든 조직에는 실세 집단이 있는데 팀, 파벌, 간부진, 여당 등 다양한 이름으로 불린다. 기업에서 실세 집단은 목표를 설정하고, 사업을 계획하며, 중대한 결정을 내리는 등 전반적인 회사 운영을 담당하는 핵심 인물들이다. 실세 집단에 속한 사람들은 행동가이며, 자기들끼리는 솔직하고 자유롭게 정보를 교환한다. 그들은 서로에게 비밀이 없지만, 실세 집단에 속하지 않는 사람들한테는 거의 모든 것이 비밀이다.

원탁의 기사들은 그야말로 원탁에 모여서 회의를 했다. 붉은 장미가 테이블 위에 놓이는 순간부터, 그들이 논의하는 모든 내용은 비밀이었고, 비밀을 지키는 것이 기사들의 의무였다. 오늘날에도 마찬가지다. 실세 집단에 있는 사람들은 원 안에서 벌어지는 모든 일을 원 밖에 있는 사람들에게 비밀로 해야 한다.

입이 가벼운 사람을 조심해라

"죄송해요. 자제하지 못했네요." 입이 가벼운 사람은 늘 이런 변명을 늘어놓는다. 회사의 비밀 정보 따위는 안중에도 없는 직장인들이 있다. 그들은 모든 정보를 누설한다. 모든 것을 대수롭지 않게 여기며, 민감한 정보를 한낱 농담처럼 지껄인다.

그들은 자기 자신한테만 충실하며 자기가 몸담고 있는 회사에 대해서는 조금도 신경 쓰지 않는다. 오직 회사가 당장 자신한테 무엇을 줄 수 있는가에만 관심이 있다. 그런 사람들은 한 회사에서 오래 근무하지 않는다. 얼마 못 가 해고되거나 회사 문화에 '맞지 않다'며 사표를 던진다. 하지만 이는 "내가 회사의 비밀을 퍼뜨리고 다녀서 경영진이 나를 탐탁지 않게 생각해. 혹은 나를 믿지 못해"라는 의미다.

과실과 태만으로 인해 정보를 흘리는 사람들을 조심하라

살다 보면 뜻하지 않게 제삼자한테 정보를 전하게 되는 경우가 많다. 어쩌면 작지만 중요한 정보를 전하게 될 수 있다. 작은 정보라 별 문제될 게 없어 보이지만 상대방이 갖고 있는 정보 조각들과 함께 놓으면, 모자이크를 완성시키는 중요한 조각이 된다. 그렇게 해서 저도 모르게 정보 유출자가 되는 것이다.

때로는 말하지 않은 것이 더 중요한 의미를 전달한다. 말하는 사람의 얼굴 표정은 말의 진위 여부를 확인해 준다. 항상 감정이나 생각을 읽을 수 없는 표정을 지을 수 있는 사람은 없다. 곤란한 질문에 대답해야 할 때에 침묵만으론 문제를 회피할 수 없다. 표정, 눈빛, 눈썹의 움직임 따위의 몸짓언어는 우리가 입을 열지 않아도 대답을 전달한다.

얼굴을 붉히는 것도 대답이 될 수 있다. 말하는 사람이 당황하거나 믿을 수 없다는 표정을 지으면, 그의 말이 진실인지 거짓인지 알 수 있다. 굳이 큰 소리로 말할 필요도 없다. 때때로 몸짓은 우리를 배신한다. 거짓말 탐지기는 질문을 받을 때 나타나는 몸의 반응을 측정한다. 대부분의 양심적인 사람은 거짓말을 할 때 몸이 반응한다. 거짓말은 평소와는 다른 행동이기 때문에 양심적인 사람이 거짓말을 해야 하는 상황에서 느끼는 곤란함, 당혹스러움을 탐지기가 포착해 낸다. 이와 반대로, 거짓말쟁이는 거짓말을 밥 먹듯이 하기 때문에 거짓을 말할 때 어떠한 감정 변화도 보이지 않는다. 거짓말이 지극히 '정상적인' 행동이기 때문에, 거짓말 탐지기가 측정할 수 있는 신체적 변화가 나타나지 않는 것이다.

아무 상관없는 제삼자들을 잊지 마라

"재미있는 이야기를 듣고 싶지 않아요?"

"네, 듣고 싶어요!"

"누구한테도 말하지 않겠다고 약속할 수 있어요?"

"그럼요, 약속하고말고요."

사람들이 비밀을 전할 때는 상대방이 입이 무거운 사람이라 생각한다. 사실, 비밀을 전하기 전에 누구한테도 발설하지 않을 수 있냐고 재차 물어볼 필요도 없다. 스스로에게 한 가지만 물어보면 된다. "누군가를 절대적으로 신뢰할 수 있는가?" 절대 아니다. 적어도 완벽하게 신뢰할 수는 없다. 누군가한테 굉장히 중요한 정보라도, 제삼자에게 전달되는 과정에서 중요성이 희석되고 여기저기 살이 붙는다. 그리고 제삼자는 정보를 관련 당사자만큼 중요하게 여기지 않으며,

정보를 지키는 데 일말의 책임도 느끼지 않는다. 게다가 돈 문제가 끼어들면, 정보를 손에 쥔 사람은 자신의 이익을 챙길 수 있는 쪽으로 사용한다.

기술의 발달로 정보의 전달 속도가 빨라지고, 컴퓨터나 테이프 녹음기 등에 정보를 저장하려는 욕구가 높아졌다. 과거에는 정보를 저장하고 찾으려면, 노트에 필기하고, 녹음이나 녹화를 한 다음 자료를 분류해서 보관해야 했다. 하지만 오늘날에는 자판을 눌러 컴퓨터의 기억장치에 집어넣고, 디스크나 메모리카드에 저장하고, 혹은 비디오카메라를 사용하면 된다.

인식은 사실상 진실이 된다. 방대한 정보를 이용할 수 있고, 직장에서는 수많은 문제를 하루 만에 처리할 수 있기 때문에, 그것들에 대한 인식이 진실로 자리 잡는다. 하지만 대부분의 경우에 우리의 인식은 뒤틀린 진실, 왜곡된 진실일 뿐이다.

앞서 말했듯이 비밀을 간직하기란 굉장히 어렵다. 사람들은 인간의 본성에 따라 마음속에 있는 생각을 서로 이야기한다. 살다 보면 자신이 당면한 문제를 제삼자와 의논하게 될 때가 많다. 제삼자란 바로 친척, 친한 친구, 혹은 비밀을 털어놓을 수 있는 막역한 지인들이다. 속내를 털어놓고 마음의 짐을 덜고 싶은 욕구는 물리치기 어렵다. 그래서 사람들은 문제에 별 관심이 없는 제삼자를 붙잡고 구구절절 늘어놓는다.

하지만 사람들이 미처 깨닫지 못하는 게 있다. 일단 제삼자에게 정보를 털어놓으면, 그 정보는 십중팔구 여러 사람의 귀에 들어간다. 결국 누군가는 자신에게 이익이 되는 방향으로 그 정보를 이용하며, 그렇게 되면 정보는 새로운 의미와 중요성을 갖게 되며, 문제에 직접적인 영향을 미칠 수도 있다.

비밀에는
마지노선을 세우지 마라

술에 취해 함부로 혀를 놀리지 마라

앞서 우리는 말이 많아지게 하는 술의 위력을 간단히 살펴보았다. 정말로 멀쩡하던 사람도 술만 마시면 혀를 함부로 놀린다. "인 비노 베리타스in vino veritas"라는 고대의 라틴어 격언이 있다. 술 속에 진실이 있다는 뜻이다. 입을 잘 단속하는 사람, 어머니한테도 비밀을 털어놓지 않는 사람도 술을 마시면 자제력을 잃는다. 생면부지의 사람에게도 속마음을 털어놓고, 맑은 정신으로는 절대로 꺼내지 않을 말들을 주절주절 늘어놓는다. 그리고 다음 날 아침이면 어김없이 땅을 치고 후회한다.

술에 취하면 속마음을 털어놓는 버릇은 다음과 같은 방법으로 고칠 수 있다. 먼저 완벽한 사람은 없다는 사실을 인정하라. 사람들은 다른 사람의 술주정에 대해 수군거린다. 하지만 작은 실수를 교훈 삼아 큰 성공을 거둘 수 있음을 믿는다면 우리는 더 강한 자제력을 기를 수 있다.

실수를 인정하는 것은 성공을 향한 첫 걸음이다. 우리는 수많은 시행착오를 거치면서 자제력을 강화하게 될 것이다. 다음으로 자신의 주량을 파악하라. 몇 잔을 마셨을 때 자신이 흐트러지는지를 알면, 마시는 양을 조절할 수 있다. 중요한 것은 자신의 한계, 즉 자기가 견딜 수 있는 술의 양을 파악하는 것이다. 술주정, 주량, 술버릇 같은 민감한 부분에서 자신의 단점을 파악하고 같은 실수를 반복하지 않도록 처신하라. 술을 마실 때 양을 조절하고 입을 단속할 줄 알면 직장에서나 개인의 인생에서 성공할 것이다.

대리 만족의 함정을 조심하라

사람들은 비밀을 누설하기를 좋아한다. 소문을 퍼뜨리고, 비밀을 폭로하는 데서 기쁨을 느낀다. 남의 불행에 관한 소문이라면 더없이 좋다. 사람들은 소문을 퍼뜨려서 자기가 피해를 입지 않는 한, 남의 불행을 떠들어대며 만족감을 느낀다. 미국의 경우 전설적인 영웅은 강인한 체력과 정신력, 불굴의 의지를 지녔고 과묵하다. 미국인이 그리는 영웅의 이미지에 과묵함이 들어간다는 것은 매우 의미심장하다. 이는 국민들이 입이 무거운 것을 최고의 미덕으로 꼽는다는 뜻 아니겠는가. 우리의 영웅은 가십을 주고받지도, 비밀을 누설하지도 않으며, 남의 험담 따위는 절대로 하지 않는다. 하지만 안타깝게도 그런 사람은 현실에는 존재하지 않는다. 영화에나 등장하는 영웅일 뿐이다.

　누구나 한번쯤은 입을 함부로 놀리는 실수를 저지른다. 비밀을 누설하고 남의 말을 수군대는 건 인간의 본성이자 단점이다. 문제는 사람들이 그런 잘못을 저지르면서 즐거워한다는 것이다. 우리는 늘 입을 함부로 놀리는 실수를 저지른다. 입을 함부로 놀리는 것이 무엇인지 안다면 다시는 그 유혹에 빠지지 않도록 조심해야 한다.

비밀에 관해선 마지노선을 세우지 마라

제1차 세계대전 종료 후, 프랑스는 침략의 두려움에 휩싸였다. 독일을 비롯한 몇몇 적국이 그들의 군대를 재건하고 있었기에, 적들이 또다시 동쪽 국경을 통해 침략해 올지도 모른다는 두려움은 커져만 갔다. 프랑스는 방위선을 생각해냈다. 그리고 동쪽 국경을 따라 수백 킬로미터에 달하는 정교한 방벽을 쌓았다. 그 방벽이 바로 마지노선이다.

　마지노선을 구축한 목적은 적의 침략을 저지하기 위해서였고, 프랑스 국민들은 마지노선이 적들로부터 자기들을 안

전하게 보호해 줄 거라고 굳게 믿었다. 하지만 제2차 세계대전이 발발하고 얼마 안 있어 독일은 방벽을 돌아서 프랑스를 침략했다. 마지노선은 그 목적을 조금도 달성하지 못했다.

여하튼 사람들은 자신만의 마지노선을 세운다. 저마다 방어기제를 설정하고는 그것이 비밀을 지키는 데 도움이 될 거라고 생각한다. 기업과 정부의 여러 조직들도 비슷한 일을 한다. 정교한 보안정책을 마련하는 것이다. 그들은 문서를 분류하여 등급을 매기고 지속적으로 관리한다. 직원들의 신원을 철저히 파악하여 접근허가증을 배부한다. 금고, 경호원, 신분증, 감시 장비는 말할 것도 없고, 모든 종류의 물리적 보안장치를 총동원한다. 잠재적인 첩자나 정보유출 경로를 찾아내도록 직원훈련을 실시한다. 또한 어떤 직원에게 어떤 정보를 맡길 수 있는지 파악하기 위해, 심리 검사 등을 통해 직원들의 약점, 비밀, 행동에 숨은 동기나 목적을 철저히 조사한다. 하지만 이런 모든 노력에도 불구하고 정보는 유출되어 잘못된 사람의 수중에 들어간다.

열심히 들어 주는 사람들을 경계하라

조직마다 이런 사람이 꼭 하나씩은 있다. 여기저기 들쑤시고 다니면서 온갖 정보를 모으는 사람 말이다. 그들은 기회를 놓치는 법이 없다. 자기가 '사정을 잘 아는' 사람, '내막에 밝은' 사람이 되어야 하니까. 그들은 다른 사람들이 자신을 정보에서 소외시키는 것을 참지 못하기 때문에 알려 줄 때까지 집요하게 캐묻는다. 이를테면 다음과 같이 말한다.

"찰리, 본부에 무슨 일 있어? 요즘 사장님 얼굴이 말이 아니더라. 스트레스를 무진장 받으시나 봐. 주요 고객을 잃었다는 소문이 돌던데 사실이야? 사장님 비서도 안색이 안 좋더라. 린다 말이야. 다 죽어가는 얼굴이더라고. 도대체 뭐가 어떻게 돌아가는 건지, 살짝 좀 말해 줘."

하지만 찰리는 그가 벌써 서너 명한테 똑같은 질문을 하고 다녔다는 사실을 모른다. 그는 모자이크가 완성될 때까지 정보의 조각들을 얻기 위해 몰두하는 호사가이다. 여하튼 정보의 조각들이 모두 제자리에 놓이고, 진실이 드러나면 그때부터 묵묵히 경청하던 사람이 갑자기 수다쟁이로 돌변한다. 이렇듯 호사가들은 발품을 팔며 정보를 충분히 모으고 난 뒤 본격적으로 나쁜 소문을 퍼뜨리고 다닌다!

어째서 그러는 걸까? 가장 큰 이유는 자기가 중요한 사람이라는 기분을 맛보기 위해서다. 두 번째 이유는 다른 사람이 자신의 말에 귀 기울이게 해서, 잠시라도 주목받고 싶은 것이다. 아무래도 자신의 성과나 업적으로는 어떤 관심도 불러일으킬 수 없나 보다. 이처럼 호사가들은 항상 다른 사람을 희생시켜 관심을 받는다.

상사의 결정에 굴복하기 싫다면 더 많은 정보를 가져라

지식은 현명하고 분별 있게 사용하지 않으면 한낱 어리석은 생각에 지나지 않는다. 이론적으로 말하면, 아는 것이 힘이다. 내막에 밝고, 주어진 상황의 모든 측면을 알고 있는 사람은 막강한 힘을 휘두를 수 있다. 그에게 대적할 수 있는 사람은 주어진 상황에 대해 그보다 더 많이 알고 있는 사람뿐이다.

막강한 영향력을 행사하는 한 기업 간부에 관한 이야기이다. 그는 항상 부하들과 어떤 문제를 논의하다가, 누군가 자기 생각에 이의를 제기하면 버럭 소리를 질러 단번에 제압했다. "자네가 뭔데 내 생각에 이의를 제기하는가? 잘 알지도 못하면서 나서지 말게. 모든 정보를 알고 있는 사람은 나밖에 없어. 그러니 이쯤에서 내가 결정을 내리겠네"라고 으름장지른다. 내용을 가장 많이 알고 있는 부하직원들도 간부의 열변과 질책에 위축되어, 그의 결정을 따를 것이다.

요컨대 자기가 상사보다 정보가 많은지 적은지 확실하지 않다면, 상사의 결정을 묵인하고 상사가 독재적으로 조직을 운영해도 잠자코 있을 수밖에 없다.

내부정보를
보호하는 법

내부정보에는 가격표가 붙어 있나? 월 스트리트에서 일어나는 온갖 부정사건을 보면 대답이 나온다. 내부정보로 주식거래를 해서 챙긴 부당이득이 10억 달러가 넘는 것으로 집계되었다고 한다. 이러한 부정사건은 액수만 적을 뿐이지 매일같이 일어나고 있다. 기업 간부나 직원들은 자신이 참여하는 사업에 관한 내부정보를 빼내서 부당이득을 챙긴다.

내부정보는 미래를 보여 주는 수정구슬과 같다. 오늘 새로운 사건을 만들고 있다면, 내일 뉴스를 걱정할 이유가 없지 않은가? 내부거래로 돈을 잃었다는 기업 간부의 이야기를 들어본 적이 있는가?《월 스트리트 저널》을 펼쳤는데, 모 기업 간부가 내부거래로 큰 손실을 입었으며, 그 건으로 조사를 받고 있다는 기사가 실렸다고 생각해 보라. 얼마나 웃긴 얘긴가. 절대로 그런 일은 벌어지지 않는다. 기업 간부가 내부자 거래로 돈을 잃게 되는 경우가 있다면, 그가 사전 지식을 갖추지 못해서 통제할 수 없는 외부요인이 발생했을 때 뿐이다.

정보의 조각을 모아서 가치를 만들어 내라

비즈니스 세계에서는 작은 정보가 매우 유용한 실마리를 제공할 수 있다. 뉴욕에 본사를 둔 한 대형 엔터테인먼트 회사는 간부들이 외부의 눈에 띄지 않고 사업 파트너와 식사할 수 있는 통제된 공간으로 중역식당을 제공한다고 주주들에게 역설했다. 주요 인물 두 명이 대화를 나누는 장면만 목격되어도 호사가들은 어떤 사업이 진행되고 있는지 추측할 수 있다. 약간의 눈치만 있으면 정보의 조각들을 맞춰서 전체적인 상황을 파악할 수 있다.

80년대 말에 금융계를 뒤흔드는 내부거래 사건이 발생했다. 중개거래인들은 인수합병을 이끄는 주요 인물의 왕래가 있는지 알아내려고 사립탐정을 고용해서 사옥을 감시했다. 그리고 중요한 내부정보를 빼내는 위법행위를 저질렀다. 결국 중개거래인들은 다른 주주들에게 막대한 손실을 입히면서 수백만 달러의 부당이득을 챙겼다. 결국 범인은 잡혔지만 내부거래나 정보유출에 관한 이야기는 널려 있으며, 지금도 이런 일이 벌어지고 있다.

이득을 얻을 수 있는 곳이면 어디서나 금융거래에 관한 정보가 모아진다. 조심스럽고 조직적으로! 정보를 수집할 때는 합법적인 방법을 사용하기도 하지만 도청을 하거나 편지, 메일, 문자메시지 등을 가로채는 불법적인 방법을 동원하기도 한다. 과거에는 FBI나 제임스 본드 영화에서나 나올 법한 모든 정교한 수법들이, 오늘날에는 비즈니스 세계의 큰돈이 걸린 사업에서 흔히 사용된다. 정보의 가치는 테이블 위에 놓인 돈의 가치에 정비례한다. 카드게임을 할 때, 상대방이 손에 쥔 패를 볼 수 있다면 위험을 줄일 수 있다. 이와 마찬가지로 정보를 다루는 데 따르는 위험을 안다면, 자신의 정보를 지키고 위험을 최소화하기 위해 백방으로 노력할 수 있다.

누가 듣고 있을지 모르니 항상 조심해라!

사람들이 '항상 한 귀로 듣고 한 귀로 흘리는 것'은 아니다. 때때로 사람들은 쉽게 돈을 벌려고 자신이 들은 말을 발설해 버린다. 우리는 신제품 판매를 앞두고, 경쟁업체의 신제품에 하자가 있다는 정보를 흘릴 수 있다. 물론 경쟁업체도 우리한테 그렇게 할 수 있다. 엘리베이터에서 한 말, 비행기에서 처음 보는 옆 사람한테 한 말, 회계사가 생각 없이 흘리고 다닌 말은 곧 소문이 되어 빠르게 퍼진다. 소문의 진원지를 멀리서 찾을 필요도 없다. 바로 우리 자신이기 때문이다. 다음 대화를 살펴보라.

"우리가 개발하는 차세대 컴퓨터는 경쟁사를 물리칠 거예요." "언제 출시되죠?"

"잘 모르겠어요. 극비사항이거든요. 하지만 모두들 그 얘길 하고 있어요. 암호명이 켄타우로스Centaur랍니다."

비밀을 지키는 법

여러분은 정보를 잘 보호하고 비밀을 반드시 지키는가? 저도 모르게 잘못된 사람한테 비밀을 누설하지는 않는가? 자신이 지켜야 할 정보를 얼마나 잘 단속하고 통제할 수 있는가? 우리는 종종 이익을 얻기 위해 정보를 숨겨야 하고, 비밀을 누설하면 심각한 타격을 입을 수 있는 상황이 된다.

다행스럽게도 우리가 비밀을 유지할 수 있도록 도와주는 다양한 전략과 방책, 교묘한 수법과 교란작전이 있다. 지금부터 그중 몇 가지 수법과 전략을 살펴보도록 하자.

말하지 않고도
말하는 방법

앞서 살펴보았듯이 우리가 하는 말뿐만 아니라 그 말에 대한 상대의 해석도 굉장히 중요하다. 미묘한 뉘앙스의 차이, 빈정거림은 말하는 사람의 속내를 무심코 비칠 수 있다. 말하는 사람이 어떤 단어와 표현을 사용하든, 상대방은 말의 행간을 읽고 그의 속내와 의도를 파악할 수 있다. 말을 하면서 눈썹을 치켜세우고, 눈동자를 반짝이고, 얼굴을 찡그리고, 부정확한 비유를 든다면, 상대방은 어떠한 말보다 훨씬 더 많은 정보를 얻을 수 있다.

그러면 무표정한 얼굴로 무미건조하게 말해야 할까? 아니다. 그저 비유와 수사를 곁들여 생생하게 말하면 진의와 속내를 가감 없이 표현할 수 있다는 뜻이다. 잘 알다시피 상대방에게 말의 진의를 효과적으로 전달하려면 적절한 표정과 몸짓을 곁들이면 좋다. 그러니까 정보를 숨기고 싶다면 반대로 하면 된다. 어쩌면 정보를 숨기는 것에 관해선 의사소통에 서툰 사람이 유리할 수도 있다.

혹 대화 도중 잘못 말해서 곤란을 겪을 수 있는 상황에 놓여도 당황하지 마라. 부정적인 몸짓 한 번이면 위기를 모면할 수 있다. 가령 회의 중에 동료가 사장에게 자신의 생각을 말하고는 "그렇지 않은가, 조?" 하고 여러분의 동의를 구한다고 가정해 보자. 모든 사실을 알고 있더라도 대답을 하자니 몇 가지 걸린다. 먼저 동료의 생각을 지지하는 것처럼 보일 수 있다는 점, 또한 자신이 그 상황에 대한 지식을 알고 있음을 드러낼 수 있다. 그 지식은 기밀이라 자신이 알아선 안 되는데 말이다.

어떻게 대처해야 할까?

그냥 어깨를 으쓱해 보여라. 부정적 강화negative reinforcement(불쾌한 행동을 회피하기 위해 바람직한 행동을 함으로써 그 행동을 강화하는 것)로 몸짓언어를 사용하는 것이다. 어깨를 으쓱하고 올리면 관심이 없다거나 내 알 바 아니다, 혹은 모르겠다는 의미를 전달한다. 어깨를 으쓱하고, 눈동자를 굴리고, 얼굴을 찌푸리고, 인상을 쓰고, 미소를 짓는 등 부정적인 몸짓은 모나리자의 미소처럼 다양하게 해석될 수 있다는 이점이 있다. 부정적인 몸짓을 통해 우리는 상대방에게 자

신의 감정과 속마음을 들키지 않고도 질문에 대답할 수 있

게 된다.

바보인 척, 모르는 척,
순진한 척

일본 우화에는 두 손으로 눈을 가리고, 귀를 막고, 입을 덮은 '세 마리 원숭이'가 등장한다. 나쁜 것은 보지도, 듣지도, 말하지도 않는 세 원숭이처럼 바보인 척하라. 이는 정보를 지키는 데 사용할 수 있는 대단히 유용한 방법이다. 누군가 민감한 주제를 꺼내면, 그것에 관해 아무리 많이 알더라도 금시초문인 척, 전혀 몰랐다는 듯 행동하라. 되도록 말을 아끼는 한편 몇 가지 짧은 질문을 던져서 상대방의 주의를 돌려라. 상대방이 찾고 있는 정보에 대해 자신은 금시초문이며, 그가 의도하는 바가 무엇인지 짐작조차 못 하겠다는 뉘앙스를 풍겨야 한다. 이를테면 "세상에, 그게 사실이에요?" "최신 뉴스가 뭐죠?" "맙소사, 어떻게 그런 일이 일어날 수 있죠?" "어머나, 그런 얘기는 처음 들어요"라고 말하는 것이다.

그 상황에 대해 전혀 몰랐다는 식으로 행동해라. 호기심을 보이며 경청하되, 어떤 귀중한 정보도 말해선 안 된다. 그냥 잠자코 듣기만 해라. 그 문제에 관해 금시초문이라는 듯 굴어야 한다. 동료가 털어놓는 이야기가 전혀 뜻밖인 듯이 행동하면서 그의 질문에는 모르쇠로 일관하라. 좀 더 극단적인 방법을 쓰고 싶다면, 동료가 하는 이야기에 티끌만큼의 관심도 보이지 말고, 자신의 감정을 절대로 드러내지 마라.

반대로 민감한 정보를 알고 있는데, 어떤 사람이 그것을 알아내려고 미주알고주알 캐묻는다면 어떻게 해야 할까? 옆길로 새라! 잘만 하면, 더는 질문공세에 시달리지 않게 될 것이다. 옆길로 새는 방법은 질문에 두루뭉술하게 대답하면서 새로운 화제를 꺼내는 것이다. 대화가 삼천포로 빠지면 곤란한 질문을 어물쩍 넘길 수 있다.

예를 들어, 상사가 방금 사표를 냈는데 동료 한 명이 눈치를 채고 사실 여부를 노골적으로 묻는다고 가정해 보자. 우리는 10분 전에 상사한테 직접 들었기 때문에 그게 사실임을 확실히 알고 있지만 동료에게 말하기는 좀 곤란하다. 어떻게 대처해야 할까? 일단 '그렇다/아니다'로 대답하는 것은 금물이다. 어깨를 한 번 으쓱하면서 "글쎄, 나도 잘 모르겠어. 확실한 건 지금 회사가 XYZ 기업과 합병을 고려 중이라는 거야. 진지하게 논의 중이라는 얘기가 있더라고. 이번

합병에 대해 어떻게 생각해?"이렇게 해도 동료가 삼천포로 빠지지 않는다면? 합병에 관한 이야기를 끈질기게 되풀이하면 된다. 결국 동료도 눈치를 채고 질문을 그만둘 것이다. 옆길로 새는 것은 민감한 질문을 피할 수 있는 매우 효과적인 방법이다.

다른 내용을 꺼내 화제를 바꾸는 방법은 또 다른 경우에도 유용하다. 상대방의 질문이 마음에 들지 않아서 더 이상 대답하고 싶지 않다면 화제를 전환하라! 상대방의 질문에 대답을 하되, 대화가 핵심에 이르기 전에 기어를 바꾸듯이 화제를 돌려라. 빠른 속도로, 수차례 화제를 바꿔 가며 다양한 분야에 관해 이야기하면서 상대방이 질문할 틈을 주지 마라.

아주 노련한 사람만이 다시 본래의 화제로 돌아가 질문을 던질 수 있지만, 그러려면 추궁하는 듯한 인상을 감수해야 한다. 상대방이 본래의 질문을 다시 꺼내는 즉시, 우리는 우위를 점하고 대화를 전면 중단할 수 있게 된다. 그런 추궁하는 듯한 말투로 질문하는 데 답할 필요는 없기 때문이다. 화제를 바꾸는 것은 논의하고 싶지 않은 화제에서 벗어나는 데 매우 효과적이다.

대화의
방향을 바꿔라

정보 유출을 막는 간단하고 확실한 방법은 직접적으로 말하는 것이다. 단도직입적으로 말함으로써 대화의 고삐를 당겨 방향을 바꿀 수 있다. 가령 "외람되지만 크게 잘못 생각하고 계시는 것 같습니다. 그 이야기를 사람들 앞에서 꺼내면 안 됩니다.""이 자리에서 말씀드리지요. 자꾸 그 이야기를 해선 좋을 게 없습니다. 위험을 자초하고 계신 거예요. 당장 그만두시죠!" 혹은 "죄송합니다만 여기서는 그 문제들을 함부로 말하지 않습니다. 너무 거리낌 없이 말씀하시는데, 그 이야기는 꺼내지 않는 게 좋습니다"라고 말하라.

고삐를 당기는 수법은 어느 정도 권력이 있는 사람이 아니고선 사용하기 힘들다. 하지만 효과가 확실하다고 장담할 수 있다. 고삐를 당기면 웬만한 대화는 그 자리에서 중단되고 문제가 된 사람은 순순히 요구에 따른다.

반면 곤란한 질문에 대답해야 하거나 민감한 정보를 털어놓을 수밖에 없는 난처한 상황에 놓인다면, 어떻게 대처해야 할까? 논의 중인 주제와 무관한 이야기를 대화에 끌어들여, 상대방의 주의를 딴 데로 돌려 보라. 가령 부하 직원이 다른 직원의 연봉을 자꾸만 묻는다고 가정해 보자. 부하는 자기가 일하는 만큼 대우받지 못하고 있다고 생각한다. 그는 다른 직원이 자기보다 연봉이 더 세다고 생각하며 정확한 액수를 알고 싶어 한다. 하지만 액수를 말해 주면 직원들의 사기가 크게 떨어질 것이 뻔하다.

이럴 땐 대답을 피하면서 부하의 주의를 딴 데로 돌려서 논점을 흐려야 한다. 되도록 다양한 주제에 관해 이야기하면서 대답을 회피하라. 이를테면 "찰리 지난번엔 얼마나 인상됐지?" "자네의 임금인상 속도에 대해 어떻게 생각하나?" "자네 정도의 경력과 능력이면 시장에서 얼마를 받지? 우리 회사에서 충분히 주고 있다고 생각하나?" "다음 단계로 무엇을 생각하고 있나? 2~3년 후엔 어느 직위나 업무를 맡고 싶은가?" 같은 질문을 던지는 것이다.

집요한 추격자
따돌리기

민감한 정보를 지키는 효과적인 방법은 그 이야기를 피하는 것이다. 그러면 그 정보를 정면으로 다룰 필요가 없다. 사람들은 자신의 질문이 핵심을 건드리는 것을 굉장히 꺼리기 때문에 핵심을 피할 수 있는 피상적인 질문을 던진다.

나는 질문하는 기술에 관한 직원 교육에 참석한 적이 있다. 우리는 '네 번째 질문'이라는 개념에 집중했다. 네 번째 질문이란 명확한 대답을 이끌어 내는 질문이다. 질문 한두 개로는 만족스러운 대답, 충분한 설명을 얻을 수 없기 때문에 네 번째 질문을 던져서 자신이 필요한 정보를 얻어 낸다는 것이다.

대부분의 사람들은 우리가 대강 얼버무리거나 애매하게 대답하면 쉽게 물러선다. 우리로선 쉽게 솔직한 대답을 피할 수 있는 셈이다. 우리가 더 많은 정보를 털어놓도록 유도하는 사람은 별로 없다. 그래서 숨기고 싶은 정보를 털어놓지 않고도 원만하게 넘어갈 수 있다.

그 방법은 다음과 같다. 먼저 질문자의 물음에 피상적으로 대답해라. 논의 중인 문제에 대해 아는 게 별로 없다는 인상을 주어야 하며, 다음 질문에 대비해서 약간의 정보를 남겨 두고 최대한 피상적으로 대답해야 한다. 그런 다음 두 번째 질문을 받으면, 앞서 남겨 둔 약간의 정보를 제공하고, 그것이 자기가 아는 전부인 척해라. 대다수 사람들은 거기서 질문을 끝마친다. 자신이 무례하고 공격적이며 고압적인 사람으로 보이길 원치 않기 때문이다. 예를 들어 대화는 이런 식으로 진행될 수 있다.

"존, 너희가 개발 중인 소프트웨어 패키지에 관한 따끈따끈한 소식 없어?"

"글쎄, 나도 잘 모르는데."

"네가 소프트웨어 개발에 깊이 관여하는 걸로 알고 있는데. 그러지 말고 언제 완성되는지 알려 줘."

"사실은 그렇지 않아. 나는 아주 작은 부분만 맡고 있어."

질문자가 거기서 멈추지 않고 세 번째 질문을 던지면 어떻게 해야 할까? 극히 간단하게 대답하는 동시에, 대화가 지루하다는 인상을 풍겨야 한다. 그렇게 했는데도 집요하게 캐묻는 사람은 거의 없다. 열에 아홉은 '네 번째 질문'을 던지지 않는다. 결국 질문자는 상대방이 무엇을 어디까지 알고 있는지 밝혀내지 못한다.

때로는 정보를 제공할 수 없다고 딱 잘라 거절하는 것도 필요하다. 여러 가지 우호적인 방법이 먹히지 않으면, 딱 잘라 거부하는 수밖에 없다. '우호적'이란 단어를 사용한 것은 언짢아하는 사람 없이 화기애애한 분위기에서 대화하는 상황을 묘사하기 위해서이다. 여하튼 상대방이 집요하게 캐묻는다면 그 문제에 관해선 모른다고 딱 잘라 말하는 수밖에 없다. 화제를 바꿔 보아도 소용없고 심문하듯 끈질기게 캐묻는다면 대화를 중단하는 것 외엔 달리 뾰족한 방법이 없다. "죄송하지만 그만 가 봐야 합니다"라며 양해를 구하고 자리를 뜨거나, "죄송하지만 그건 기밀입니다." "어떻게도 말할 수 없습니다"라고 간단명료하게 거절하면 효과적으로 대화를 멈출 수 있다.

상대가 친한 친구일 경우, 정보를 말해 주지 않기가 꽤나 불편하다. 민감한 정보를 친구에게 발설하면 자신의 책임과 의무를 저버리는 것이며 신용도는 땅에 떨어질 것이고 비밀로 하자니, 친구와 사이가 멀어질 위험을 무릅써야 한다.

정보 제공을 거절하는 것은 조직 문화에 크게 영향을 받는다. 정부와 군대의 경우, 사람들은 "미안하지만 그건 기밀이라서 당신은 알 필요가 없습니다"라는 말을 입에 달고 산다. "당신은 알 필요가 없다"는 발언은 국가 안보상 정보를 알아야 할 실질적인 이유가 있는 사람에게만 정보를 한정한다는 개념이 깔려 있다. 여기서 실질적인 이유란 임무를 수행하기 위해 정보가 반드시 필요한 경우를 말한다.

여하튼 정보냐 우정이냐를 선택해야 하는 상황에선, 친구와 사이가 틀어지더라도 대화를 중단하는 쪽이 그나마 낫다. 어쩌면 친구는 어떤 상황에서도 비밀을 지키는 우리의 태도에 감명을 받을지도 모른다. 자기한테 모든 걸 털어놓지 않는 데에 앙심을 품고 등을 돌릴 수도 있지만.

하지만 명심해라. 누가 언짢게 생각하건, 자신의 본분을 다하고 신뢰를 저버리지 말아야 한다. 정보를 털어놓지 않겠다는 처음 입장을 끝까지 고수하고, 소신껏 행동해라. 분명히 말하지만 정보를 지키고 싶다면 어떤 희생과 비난도 각오해야 한다.

거짓말하지 않고
비밀을 지키는 법

민감한 정보를 털어놓을 수밖에 없는 상황에 놓였을 때, 짐짓 놀라는 척하는 것도 위기를 벗어날 수 있는 효과적인 방법이다. 그런 얘기는 금시초문이라며 자세한 내용을 알려달라고 하라. 어떤 질문에도 대답하지 마라. 질문에 대답하면, 거짓말을 하지 않고는 벗어날 수 없는 상황에 휘말릴 수 있다.

지금까지 살펴본 다양한 방법과 전략을 사용하면, 거짓말의 힘을 빌리지 않고도 질문자를 자극할 수 있다. 자신은 그 정보를 처음 들으며, 사실로 받아들일 수 없다고 말하라. 다음 이야기를 살펴보자.

동료 하나가 다가와 말한다. "조, XYZ 회사와 거래를 텄다면서?" 사실이다. 우리는 XYZ 회사에 제안서를 제출했고, 그들은 조의 회사가 계약을 수주하게 될 거라고 확신했지만 기뻐하기엔 아직 이르다. 몇 가지 조건이 충족되어야 하는데, 회사에서 그렇게 해줄지 어떨지 알 수 없다. 그런데 괜한 소문이 나면 계약이 날아갈 수 있다. 조는 어떤 정보도 새나가지 않도록 해야 한다.

소문을 덮으려면 어떤 방법을 사용해야 할까? 우선 금시초문인 척하라. 전혀 뜻밖이라는 듯 큰소리로 되묻고 자세한 내용을 물어보라. 이를테면 "뜬금없이 그게 무슨 소리야? 자세히 좀 말해 봐"라고 소리쳐라. 동료가 자초지종을 이야기하면 "절대 아니야!"라거나 "말이 되는 소리를 해!"라며 강하게 부인하는 것이다. 절대 그런 일 없다고 잡아떼라.

동료가 전해 주는 이야기는 전혀 사실이 아니며, 금시초문이라는 인상을 풍겨야 한다. 여기서 주의할 점은 절대로 질문을 해서는 안 된다는 것이다. 동료에게 질문을 던지면 대화가 길어질 위험이 있다. 명심해라. 가능한 한 빨리 대화를 종결해야 한다. 그리고 자신은 듣도 보도 못한 일이며, 설사 그게 사실이라도 믿지 못하겠다는 듯한 인상을 남겨야 한다.

당신이 하는 말이
당신을 말한다

지금까지 나는 효과적으로 입을 관리하는 여러 가지 기술과 방법에 대해 이야기했다. 이 책에 실린 다양한 개념과 방법들은 내가 정부와 기업에서 수년 동안 감독자, 관리자, 경영자, 경영 간부로 일하면서 겪은 현장 경험을 토대로 얻은 것들이다. 사람에 따라서 내가 한 이야기에 많은 것을 느꼈을 수도 있고, 또 전혀 공감하지 못했을 수도 있을 것이다. 사람은 저마다 다른 관심사와 다른 성격을 가지고 있기 때문이다. 하지만 그럼에도 불구하고 공통점은 있다. 바로 자신의 입을 잘 다스려야 자신의 인생을 성공으로 이끌 수 있다는 것이다.

이 책에서 여러 가지 이야기를 했지만, 입을 다스리는 교과서적인 방법은 없다. 아직까지는 경험이 최고의 스승이다. 사람들은 말로 상처를 입거나 큰 손해를 본 뒤에야 그 중요성을 깨우치고 서서히 입조심을 하게 된다. 하지만 경험에만 의지해서는 효과적인 방법을 찾기도 어렵고, 다양한 상황에 적용할 수 있는 기술을 터득할 수 없다. 게다가 문제의 근본 원인도 파악하기 어렵다.

시행착오만으로는 단기간에 다양한 기술과 방법을 터득할 수 없으며, 최악의 경우에는 오랫동안 수많은 시행착오를 거쳐도 아무것도 배우지 못할 수 있다. 기본적인 이유는 '입을 관리하는 방법'을 배우는 과정은 계량화할 수 없기 때문이다. 스스로의 노력과 깨달음만이 그런 길에 이르게 할 수 있다. 누구도 여러분의 생각과 감정을 읽을 수 없듯이 여러분이 스스로의 입을 얼마나 잘 다스리는지는 여러분 자신만이 알 수 있다.

이 책은 일대일 대화에서부터 공적인 대화, 면접, 회의와 같은 다양한 상황에서의 대화와 말에 대해 이야기했다. 하지만 이 책에서 소개한 생각과 행동을 곧바로 실천하기란 쉽지 않을 것이다. 걸핏하면 낡은 버릇들이 튀어나오기 때문에 여러분 스스로도 많은 노력을 기울여야 한다. 강한 열의를 갖고 노력하다 보면 어느새 여러분은 언제나 적절한 장소에서 적절한 말을 하며, 천 마디 말보다 무거운 한마디의 힘을 자유자재로 활용할 수 있게 될 것이다.

당신이 하는 말이 당신을 말한다. 어떻게 말을 하느냐보다 중요한 것은 어떤 말을 하지 않느냐이다. 자신의 말을 통제하고 조절하며 관리할 줄 아는 사람은 다른 사람들에게 상처를 주지도 않을 것이고, 따라서 그로 인한 후회도 없을 것이다. 순간의 실수로 오랜 계획, 심지어 인생을 망치는 일도 없을 것이다. 입을 다스리는 방법까지 깨우치게 되었다면, 여러분은 지금 가지고 있는 장점에 가장 큰 장점 하나를 덧붙인 셈이 된다. 여러분의 입과 여러분의 인생에 행운을 빈다.

말하는 습관을 바꿔라

초판 1쇄 발행　　　2021년 4월 5일
개정판 1쇄 발행　　2023년 2월 17일

지은이　　　로버트 제누아
옮긴이　　　강민채
디자인　　　김슬기, 박소현

펴낸곳　　　(주)바다출판사
주소　　　　서울시 종로구 자하문로 287
전화　　　　322-3675(편집), 322-3575(마케팅)
팩스　　　　322-3858
E-mail　　badabooks@daum.net
홈페이지　www.badabooks.co.kr

ISBN　　　979-11-6689-138-0　　13320